Tanja Major

Schätze aus Wald und Wiese

Die Speisekammer der Natur entdecken und genießen

BLV

Bayerischer Landwirtschaftsverlag

Tanja Major

Schätze aus Wald und Wiese

Die Speisekammer der Natur entdecken und genießen

BLV

Gesunder & wilder Genuss der Natur

Wildpflanzen und -pilze dekorieren bunt unser Essen. Sie bringen Würze, raffinierte Geschmackswelten und wertvolle Pflanzenstoffe in unsere Ernährung. Dieses Zusammenspiel wirkt förderlich auf unsere körperliche Harmonie.

Von alters her wurden sie in der Ernährung und der Volksmedizin verwendet. Heute finden sie im Allgemeinen nur noch wenig Verwendung in unserem Leben.

Aktuelle Erkenntnisse aus der Mikrobiologie zeigen, nicht nur wir Menschen, auch Pflanzen sind der Lebensraum unzähliger Kleinstlebewesen. In unserem Fall besiedelt dieser komplexe »Mikroorganismus« aus Bakterien, Viren, Hefepilzen und vielem mehr unseren gesamten Körper, unter anderem unseren Verdauungstrakt. Diese »Mikroben« leben wie überall in der Natur mit uns in symbiotischer Gemeinschaft. Ihre Gesamtheit wird in der Wissenschaft als Mikrobiom bezeichnet.

Mittels der modernen Genanalyse konnte gezeigt werden, dass wir zehnmal so viele Mikroben besitzen wie Körperzellen. Die Mikroben selbst und ihre Produkte erfüllen die unterschiedlichsten Aufgaben. So regeln sie beispielsweise die Verdauung, liefern lebenswichtige Vitamine, Enzyme usw. Durch eine vielfältige reichliche Besiedelung im Darm können sie uns vor Infektionen schützen und beeinflussen sogar im weitesten Sinne unsere Stimmungen. Sie können Moleküle bilden, die dabei wie Medikamente auf uns wirken. Jedes Mikrobiom ist dabei sehr individuell. Bei dem einen ist es reichhaltig mit vielen unterschiedlichen Arten, bei dem anderen verarmt. Mittlerweile hat die Wissenschaft festgestellt, dass jedoch gerade die Vielfalt der Arten für unseren Körper und unsere Gesundheit entscheidend ist.

Es wird viel gesprochen vom gestörten Gleichgewicht der Natur, vom Verlust der Biodiversität des Planeten. Auch unser Mikrobiom ist ein eigenes Ökosystem, wir sind untrennbar mit ihm verbunden – und das Gleichgewicht dieses Ökosystems kann genauso gestört sein. Einen entscheidenden Einfluss darauf hat dabei die industrielle Ernährung. Sie verändert nicht nur unsere Lebensweise von Generation zu Generation, sondern auch den Artenreichtum in unserem Mikrobiom.

Ihre Tanja Major

SCHÄTZE AUS DER NATUR

DIE NATUR

als Ganzes ist nicht nur kostbar, sondern schützenswert!

DIE NATUR – BEREICHERUNG UNSERER ERNÄHRUNG

Früher hatten wir Menschen einen sehr engen Kontakt zur uns umgebenden Natur. Zu ihrer darin gefundenen und gewonnenen Nahrung. Mittlerweile ist für viele Menschen diese Natur leider nur mehr eine Kulisse für Freizeitgestaltung. Insgesamt ist unser moderner Ernährungsstil weit entfernt von dem ursprünglichen unserer Vorfahren beziehungsweise der heutiger Naturvölker. Dass deren Mikrobiom deutlich artenreicher ist als jenes der Menschen in industrialisierten Regionen, haben Forschungen eindrücklich gezeigt.

Die ersten Menschen hatten sich ausschließlich von Wildpflanzen, Pilzen und Tieren aus der unmittelbaren Umgebung ernährt. Erst als sie sesshaft wurden, haben sie begonnen, die Nahrung zu domestizieren. Sämtliche Kulturpflanzen, die heute gezüchtet, geerntet und verkauft werden, haben ihren Ursprung in Wildpflanzen. Diese werden wiederum immer mehr zurückgedrängt bzw. als »Unkraut« vernichtet. Bei der Kultivierung wird in der konventionellen Produktion in erster Linie auf Ertrag geachtet. Um dieses Ziel zu erreichen, werden Dünger, Pflanzenschutzmittel und Genmanipulationen eingesetzt. Gesunde Inhaltsstoffe, wie beispielsweise Bitterstoffe, bleiben dabei auf der Strecke. So überrascht es nicht, dass viele Wildpflanzen im Vergleich zu Kulturpflanzen weit mehr Vitamine, Mineralstoffe und andere wichtige Pflanzeninhaltsstoffe bieten.

Um diese negativen Ernährungsgewohnheiten zu durchbrechen, ist es sinnvoll, sich auf unsere Wurzeln zu besinnen. Uns wieder verstärkt an der Natur zu orientieren, mehr auf unseren eigenen Körper zu hören.

Offenbar sind die Ballaststoffe der wichtigste Teil der Ernährung für unseren Darm. Reduzieren wir sie, hungern wir die Bakterien aus, die die Ballaststoffe abbauen können. Somit verarmt unser Mikrobiom. Wenn wir Ballaststoffe zu uns nehmen, die vor allem in pflanzlichen Produkten stecken, belohnen uns bestimmte Bakterien mit kurzkettigen Fettsäuren, die entzündungshemmend wirken können.

Vielseitigkeit – Basis für ein aktives, glückliches Leben

Zahllose Pflanzenarten bieten das ganze Jahr über fast alles, was der menschliche Organismus braucht – Nahrung, Heilung sowie viele außergewöhnliche Anwendungen. Eine natürliche und damit auch nachhaltige Ernährung ist weder kompliziert, noch mit Entbehrungen oder Verboten verbunden. Vielmehr geht es darum, den großen Reichtum an natürlichen Zutaten, die uns die Natur bietet, zu integrieren: Blüten, Knospen, Blätter, Wurzeln, Samen, Beeren, Nüsse und natürlich die Pilze.

Die Abwechslung in der Ernährung ist der Garant für ein gesundes Wohlbefinden. Wichtige Inhaltsstoffe der Pflanzen sind zum Beispiel Antioxidanzien. Sie bieten uns Schutz vor freien Radikalen, die unsere Zellen gefährden. Die natürlichen Lebensmittel können unser Immunsystem stärken, fehlende Vitalstoffe in unserem Körper ergänzen, uns Energie schenken, unsere Stimmung positiv beeinflussen. Besonders die Naturbelassenheit und Frische der Lebensmittel ist das entscheidende Kriterium für Genuss, Sättigung und Gesundheit.

Was uns die Pflanzen bieten

Dr. Anne Katharina Zoschke (siehe Bücher Seite 188) empfiehlt, Gemüse so frisch wie möglich zu verwerten. Eine aufgeschnittene Tomate verliert jede Stunde 50 Prozent ihres Lykopingehalts, gewaschene Salate und zerkleinerte Gemüse durch Kontakt mit Luft und Licht jede Stunde 30 Prozent ihrer Vitamine.

Sind Esswaren als Fertigprodukte hergestellt, befinden sich darin Zusatzstoffe wie Stabilisatoren, Emulgatoren, Konservierungs- und Geschmacksstoffe und vieles mehr. Diese belasten unsere »guten« Bakterien, können sie teils sogar vernichten und schaffen somit ein Ungleichgewicht in unserem Mikrobiom.

Zudem, sozusagen als Bonus, bereitet die Suche nach Essbarem in der freien Natur viel Freude. Frische Luft und Bewegung im Grünen lassen unsere Seele entspannen. Die in der Waldluft enthaltenen Stoffe, wie zum Beispiel die Terpene mancher Bäu-

BILD oben Maronenröhrling *(Xerocomus badius)*

BILD unten Blühende Linde (*Tilia* spec.)

BILD ganz oben Waldlandschaft mit Bach

BILD links Blühender Schlehdorn *(Prunus spinosa)*

BILD oben Waldsauerklee *(Oxalis acetosella)*

me, können uns schützen vor vielen Krankheiten und bauen Stress ab.

Die Volksmedizin hat die erstaunlichen Heilkräfte der Pflanzen und Pilze schon lange entdeckt. Seit Jahrtausenden haben die Menschen daraus heilsame Erfahrungen in allen Regionen und Kulturen dieser Welt gewonnen. In diesem Buch soll aber die Vielfalt, die uns die Natur zur Verfügung stellt, eine Bereicherung unseres täglichen Lebens darstellen. Erweitern Sie Ihre Ernährung mit neuen Ideen, wobei der Genuss im Vordergrund stehen soll - somit ein zusätzliches Geschenk.

Sie werden Einblicke und Möglichkeiten zur Zubereitung, gesundheitliche Ergänzungen oder Empfehlungen entdecken, aber auch das Färben mit Wildpflanzen wird Ihre Neugier bereichern.

Wilder Genuss im Jahreskreis

Die Pflanzen bieten durch Knospen, junge Triebe, Blätter, Blüten, Samen und Früchte, Wurzeln und Rinden immer etwas zum Sammeln. Außerdem schmecken sie je nach Jahreszeit unterschiedlich.

Essbare Wildkräuter und Pilze gibt es nicht nur im Frühling und Sommer, sie können das ganze Jahr über gesammelt werden. Bei einem Streifzug durch die Natur können Sie die eigene Speisekammer durch essbare Wildpflanzen aufwerten.

Wie wunderbar ist es, immer wieder neue Entdeckungen in der Natur zu machen. Am Wegesrand im Wald der Wald-Sauerklee, was für eine köstliche Erfrischung! Der dunkelgrüne Gundermann und der Kriechende Günsel wachsen oft unter alten Bäumen an schattigen Stellen und können gute Bodendecker im Garten und Insektennahrung sein. Die knackige Vogelmiere gilt als lästiges Unkraut, ist aber eine schmackhafte Pflanze, die süßlich-frisch nach Mais und Erbsen schmeckt. Sie ist eine gesunde Delikatesse im Salat, Smoothie oder auch süß schmackhaft als Eiscreme. Aus frischen Heidelbeeren lassen sich leckere Pfannküchlein zaubern.

In kälteren Wintern und im zeitigen Frühjahr ist das Angebot an Essbarem aus der Natur deutlich eingeschränkt und trotzdem gibt es immer wieder Gelegenheiten, etwas frisches Grün zu finden. Viele Wildpflanzen sind wahre Überlebenskünstler und legen im Herbst schon Rosetten und Knospen für das nächste Jahr an. Sie benötigen nur wenige sonnige Tage, um dann neu auszutreiben. Die Natur hat die unterschiedlichsten raffinierten Strategien entwickelt, um längere Frostperioden möglichst unbeschadet zu überstehen. Teilweise arbeitet sie sogar mit Frostschutzmitteln (Glycin-Betain, Glykoproteine ...) in den Zellen, die die Bildung von Eiskristallen verhindern, wie beim Samtfußrübling oder bei Gänsefußgewächsen. Die Laubbäume werfen die Blätter ab oder eine Wachsschicht schützt die Blätter der immergrünen Nadelbäume. Aber auch eine leichte Schneedecke kann vor Kälte schützen. Sobald es etwas wärmer wird, sprießen junge Triebe und vielerorts lassen sich erfreulicherweise Wild-

Bitte beachten

Die gesundheitlichen Empfehlungen hier im Buch sind überlieferte Kenntnisse der Volksmedizin. Sie sollen keinesfalls die Selbstmedikation anregen und können auch nicht den Besuch beim Arzt oder Heiltherapeuten ersetzen. Ziehen Sie bei ernsthaften oder unklaren Beschwerden unbedingt Ihren Arzt zu Rate! Eine Haftung der Autorin oder des Verlags ist ausgeschlossen!

kräuter finden, die Sie sammeln können, wie z. B. keimende Eicheln, Wurzeln, Rosetten von der Barbarakresse, Schafgarbenblätter ...

Mit ein wenig Achtsamkeit kann sich jeder aus der Natur oder vielleicht aus dem eigenen Garten versorgen. Deshalb sollte nicht jedes unbekannte Kraut im Garten sofort radikal entfernt werden. Denn viele wild wachsende Pflanzen besitzen schmackhafte Eigenschaften für Mensch und Tier, sind gesund und runden durch ihre Aromen kulinarisch Speisen ab. Schon unsere Großmütter dünsteten Brennnesselspitzen zu einem mineralreichen Spinatersatz oder verwendeten ihn zum Düngen anderer Pflanzen.

Tiefwurzler wie Löwenzahn, Klette, Königskerze oder Mohn werden als Bodenverbesserer bezeichnet. Pflanzen, die mit einer Pfahlwurzel sehr tief in den Boden eindringen, lockern diesen zudem auf. Das ist wiederum gut für angrenzende Pflanzen, um dadurch leichter Nährstoffe aufnehmen zu können.

Viele Wildkräuter aus dem Garten sind zunehmend wichtige Insekten- und Tiernahrung, außerdem können sie sogar durch heilkräftige Tees und erfrischen-

BILD links oben Fliegenpilz *(Amanita muscaria)*

BILD links unten Marienkäfer an Ehrenpreis (*Veronica* spec.)

BILD rechts oben Gewöhnlicher Schneeball *(Viburnum opulus)*

de Getränke den Tag gesund bereichern. Gänseblümchen, Waldmeister und Wegerichblätter sind in den Augen vieler Köche längst mehr nur unscheinbares Grün.

Aber auch auf versteckten Grünflächen in der Stadt, wie in Parks und Innenhöfen, lassen sich verkannte Delikatessen finden, etwa Eicheln, Kornelkirschen, dieverse Baumfrüchte oder -blätter sowie Kräuter, aus denen sich überraschend vielseitige Speisen komponieren lassen. Ein Geschenk der Natur!

Diese feinen Leckerbissen schlagen nicht nur in Frische und Regionalität die Supermarktwaren, sie bescheren uns besondere Aromen, Genuss und liefern Energie, eine Wohltat für den ganzen Körper. Zusätzlich kommen sie ganz ohne Verpackungsmüll aus, wachsen aus eigener Kraft und sind nicht mit Dünger belastet. Außerdem eine Entlastung für den Geldbeutel.

Im Wald, auf Wiesen und sogar in den Städten – Wildkräuter sind für mich keine Unkräuter, auch wenn manche recht lästige Gesellen zu sein scheinen. Umso mehr spricht dafür, viele dieser Würzpflanzen in die moderne Küche zu integrieren. Das revolutioniert nicht nur den Speiseplan, sondern ist gesund und ein kluger Umgang mit Ressourcen.

Wildpflanzen und -pilze kennenlernen

Sammeln und essen Sie nie Pilze, Beeren oder Pflanzen, die Sie nicht mit allen Bestandteilen eindeutig identifizieren können.

Was früher noch zum Alltagswissen gehörte, ist heute leider in Vergessenheit geraten. Langsam werden die Kenntnisse unserer Urgroßeltern jedoch wieder ans Licht gebracht. Das vorliegende Buch ersetzt kein Bestimmungsbuch zur sicheren Artenkenntnis, sondern setzt voraus, dass Sie die Pflanzen und Pilze, die Sie sammeln, kennen.

Gute Bestimmungsbücher helfen, Pflanzen und Pilze anhand eindeutiger Eigenschaften richtig zu bestimmen – und unbekömmliche oder giftige Arten, bei denen eine Verwechslungsgefahr besteht, zu meiden. Beim Kennenlernen neuer Pflanzen und Pilze helfen zudem Lehrwanderungen, bei denen auf die wichtigen Merkmale der Pflanzen und Pilze hingewiesen wird. Aber es gibt auch zahlreiche Angebote von mykologischen Vereinen und Treffen, die vielerorts Wildkräuter-, Wildobst- und Pilzexkursionen anbieten und wo man sich erkundigen, Pilzkorbkontrolle erhalten und beraten lassen kann.

Auch das Fotografieren oder Abzeichnen von Pflanzen bzw. Pilzen prägt das Gedächtnis.

Wenn beim Bestimmen einer Pflanze immer noch Unsicherheit besteht, empfehle ich, sie über einen längeren Zeitraum und über die verschiedenen Jahreszeiten hinweg zu beobachten. Von einem spontanen und unvorbereiteten Streifzug nach essbaren Pflanzen durch den Wald oder Garten wird abgeraten. Auch das Wissen über Standort und Zeitpunkt für die Ernte spielt eine nicht unerhebliche Rolle.

Wer Tiere beobachtet, wird feststellen, dass sie meist die zarten Knospen ernten. Das sollten auch wir tun und immer die frischen Pflanzenteile ernten. Dabei werden die jungen Blätter und andere Pflanzenteile, wie Blütenknospen, vor allem in den frühen Morgenstunden geschnitten, so enthalten sie noch ihr volles Aroma. Ernten Sie jedoch nur kleine Mengen, welche Sie selbst auch verbrauchen können. Ernten Sie nicht eine Stelle komplett ab! Auf diese Weise schützen Sie die natürlichen Ressourcen und tragen dazu bei, dass die Pflanze auch im Folgejahr am gleichen Standort wächst.

Als Anfänger sollten Sie Wildpflanzen und Pilze nur in sehr kleinen Mengen verzehren, da unser Körper sich erst daran gewöhnen muss. Sonst können Verdauungsprobleme entstehen.

Einige Wildpflanzen, Wildfrüchte oder Pilze besitzen gefährliche Doppelgänger, nach deren Verzehr Sie schnell in der Notaufnahme landen könnten. Um diesen Fehler nicht zu machen, sollten Sie sich im Vorfeld mit dem Thema befassen. Deshalb sollten Sie gut hinschauen und nur essen, wenn Sie sich wirklich sicher sind und gut bestimmt haben.

Krank durch Wildpflanzen und -pilze

Achte auf gesunde, frische und saubere Pflanzen und Pilze, hin und wieder sind sie von Schimmelpilzen befallen. So können weiße Stellen an Röhrlingen auf einen Befall mit dem Goldschimmel hinweisen, der eine Magen-Darm-Vergiftung hervorrufen kann.

Manch einer schreckt allerdings aus einem anderen Grund vor dem Sammeln zurück: wegen der Sorge, mit den Pflanzen oder Beeren Krankheitserreger aufzunehmen. Am häufigsten wird dabei der Kleine Fuchsbandwurm genannt, ein wenige Millimeter langer Parasit, der im fortpflanzungsfähigen Stadium zwar meist in Füchsen lebt, aber über das versehentliche Schlucken oder Einatmen von infektiösen Eiern auch auf den Menschen übertragen werden kann und dann oft schwere Organschäden verursacht.

Wer bodennah wachsende Pflanzen und Beeren sammelt, könnte demnach theoretisch Wurmeier aufnehmen, die an ihnen haften. Aus medizinischen Studien und Statistiken geht allerdings hervor, dass die Möglichkeit einer Infektion über die Nahrung bisher nicht eindeutig bewiesen werden konnte. Meistens werden Menschen, die in der Landwirtschaft bzw. Forstwirtschaft arbeiten, infiziert.

Wer ganz sicher gehen will, wäscht die geernteten Pflanzenteile vor der Verarbeitung gründlich ab. Dabei aber bitte kein Spülmittel verwenden! Auch durch Erhitzen werden die Eier abgetötet. Ob Sie die gesammelten Kräuter waschen, müssen Sie selbst entscheiden. Ich wasche sie oft nicht, da auf ihnen Mikroorganismen leben, welche den Menschen mit wichtigen Eiweißen, Milchsäurebakterien, Vitaminen (unter anderem B_{12}) und Mineralstoffen versorgen können.

Wie bei allen Lebensmitteln sollte täglich gewechselt werden. Nehmen Sie also nicht ständig große Mengen von einer Sorte bzw. Art zu sich. Auch oder gerade bei Pilzen können dadurch individuell Unverträglichkeiten und Allergien auftreten. Durch sehr häufigen und übermäßig hohen Verzehr wie z. B. von Steinpilzen kann es zu einer Rhabdomyolyse oder zu Koliken kommen.

Richtig sammeln

Wann genau Sie welches Gewächs ernten können, hängt von der jeweiligen Pflanzen- bzw. Pilzart ab.

Sammeln Sie nur die Pflanzen und Pilze, die Sie wirklich kennen. Beginnen Sie mit einfach erkennbaren Pflanzen oder Pilzen, wie Brennnessel, Spitzwegerich, Krauser Glucke oder Walderdbeeren.

Wildkräuter richtig sammeln

Als Sammelbehälter eignen sich Körbe, Stoff- und Papierbeutel sowie Siebe. Auch saubere recycelte Tüten von Lebensmitteln können benutzt werden. Bei Plastiktüten ist zu beachten, dass Kräuter bei warmer Witterung darin schnell schwitzen können, was die Frische beeinträchtigen kann.

Beim Sammeln ist es für manche Pflanzen sinnvoll, eine Schere oder ein Messer zu benutzen, um die Pflanze nicht unnötig zu beschädigen.

BILD links oben Lamellen & Röhren im Vergleich

BILD links Mitte Scheinpilzbefall auf Pflanzen

BILD links unten Goldschimmelbefall auf Pilzfruchtkörper

BILD rechts oben Steinpilze (*Boletus* spec.)

BILD rechts unten Rainfarn, Schafgarbe und Wilde Möhre: Blätter im Vergleich

BILD links oben Maronenröhrling *(Xerocomus badius)*

BILD links unten Keimende Eichel

BILD rechts oben Kornelkirsche *(Cornus mas)*

BILD rechts Mitte Junger Walnusstrieb *(Juglans regia)*

BILD rechts unten Wald-Erdbeere *(Fragaria vesca)*

Wurzeln sollten Sie immer erst nach der Vegetationsperiode der jeweiligen Pflanze mit einem Spaten oder Löwenzahn-Stechspatel sammeln.

Beachten Sie, dass Pflanzen im Winter schwerer zu erkennen und zu bestimmen sind, weil Blüten und andere charakteristische Merkmale fehlen.

Die meisten Kräuter sind am Morgen geschmacklich am besten. Wenn der Morgentau bereits getrocknet ist, sind sie noch knackig und frisch. Kräuter zum Trocknen sollten bereits beim Sammeln so trocken wie möglich sein..

Pilze aus der Natur sammeln

Pilze, die Sie nicht kennen und nicht sofort bestimmen können, so wenig wie möglich anfassen. Alle Merkmale am Stiel wie eine Knolle oder ein Ring und am Hut sollen erhalten bleiben. Zur Bestimmung sind zwei bis drei Exemplare in unterschiedlichen Altersstadien empfehlenswert.

Drehen Sie die Pilze vorsichtig aus dem Boden, sodass alles dran bleibt, und geben Sie sie dann in einem extra Schälchen oder einer Papiertüte in den Sammelkorb. So sind die essbaren Speisepilze gut von den unbestimmten Pilzen getrennt Nun das offene Myzel mit Moos bedecken, dass es nicht austrocknet. Die bereits bekannten essbaren Pilze direkt vor Ort putzen – da sich Pilze auch vegetativ vermehren können, kann so nichts verloren gehen.

Pilze enthalten viel Eiweiß und sollten deshalb immer kühl gelagert werden. Sie können schnell verderben, gerade im Sommer! Im Handel liegen sie oft im ungekühlten Gemüseregal, da ist es gut, ein besonderes Auge auf die Frische zu legen.

Bitte alte, verschimmelte und sehr junge Pilze im Wald stehen lassen.

Sammel-Regeln

~ Sammeln Sie keine Pflanzen und Pilze, die an viel befahrenen Straßen, Wegen oder Schuttplätzen wachsen, weil sie oft mit Feinstaub, Reifenabrieb oder Bauabfällen belastet sind.

~ Sammeln Sie keine Pflanzen, die in der Nachbarschaft konventionell bewirtschafteter Felder wachsen, sie können mit Spritz- und Düngemitteln verunreinigt sein.

~ Ernten Sie nur so viel, wie Sie für den Eigenbedarf brauchen. Es ist erlaubt, wild wachsende Pflanzen, Blüten, Zweige oder Blätter in Mengen, die nicht über einen Handstrauß hinausgehen, der Natur zu entnehmen. Auch darf man sich nach § 39 Abs. 3 Bundesnaturschutzgesetz (BNatSchG) wild wachsende Waldfrüchte (Pilze, Beeren, Tee- und Heilkräuter, Nüsse) in ortsüblichem Umfang aneignen.

~ In jedem Land gibt es eigene Regeln, was das Sammeln von Pilzen betrifft. Bitte informieren Sie sich entsprechend. In Deutschland gilt als Faustregel: maximal zwei Kilogramm Pilze pro Person und Tag für den privaten Gebrauch.

~ Pflücken Sie wild lebende Pflanzen oder Pilze nur in öffentlichen Gebieten oder solchen, wo es erlaubt ist. Verboten ist dies in Naturschutzgebieten, auf landwirtschaftlich genutzten Flächen während der Nutzungszeit, in gesperrten Forstkulturen oder Forstpflanzgärten, die nicht betreten werden dürfen.

~ Geschützte und seltene Arten müssen stehen bleiben und dürfen nicht gesammelt werden! Das Sammeln kann zu hohen Strafen führen!

Weiterverarbeitung

Die Wildnahrung wird am besten frisch verarbeitet. Wenn Sie sie aufbewahren wollen, sollten Sie die Kräuter oder Pilze in ein geschlossenes Gefäß geben und in den Kühlschrank legen. Die mögliche Aufbewahrungsdauer ist von Pflanze zu Pflanze und von Pilz zu Pilz unterschiedlich, ich lagere sie selten länger als ein bis drei Tage im Kühlschrank.

Kräuter und Pilze trocknen

Dies gehört zu den ältesten Verfahren der Nahrungserhaltung. Ideal dafür ist ein gut durchlüfteter Dachboden oder Wintergarten mit Temperaturen von 30 bis 40 °C, der Trockenvorgang sollte aber nicht länger als vier bis fünf Tage dauern.

Ebenso lässt sich die Wärme von Heizkörpern oder Kachelöfen nutzen. Auf diese Weise können z. B. aufgeschnittene Pilze auf Gittern oder aufgefädelt auf Schnüren getrocknet werden. Dabei ist es wichtig, das sich die Stücke zwecks Schimmelbildung nicht berühren. Oder sie werden auf ein Backblech gelegt und im Ofen mit leicht geöffneter Tür und niedriger Temperatur getrocknet. Ansonsten empfiehlt sich ein Dörrgerät, was den Trockenvorgang beschleunigt und auch für Fruchtleder optimal ist.

Bei günstigen klimatischen Bedingungen kann auch mit der Sonne getrocknet werden. Aber direkte Sonne sollte vermieden werden.

Das rascheltrockene Dörrgut verpacken Sie dann am besten in fest verschließbaren Gefäßen wie Dosen oder Gläsern und lagern es dunkel, damit es sein Aroma behält und nicht feucht und schimmlig wird.

Getrocknete Pilze können zu einem schmackhaften Pilzpulver vermahlen werden, dann brauchen Sie weniger Platz zur Lagerung. Das ist auch eine gute Verwertung von zähen getrockneten Pilzstielen.

Tiefgefrieren

Tiefgefrorene Pilze, Beeren oder Kräuter können als Wintervorrat eine Ergänzung sein. Bei der Verarbeitung ist einiges zu beachten:

Pilze …

- **… roh einfrieren:** Nicht waschen, mit einem Pinsel reinigen (am besten die weichen Röhren entfernen, die werden matschig) und in mundgerechte Stücke teilen, portionsweise gut verpackt einfrieren. Dann noch gefroren sofort in eine heiße Pfanne geben und gut garen.
- **… fertig gebraten einfrieren:** In Butter braten, auskühlen lassen, portionsweise verpackt einfrieren.
- **Parasole** vor dem Einfrieren panieren.

Beeren und Früchte können auf einem Blech verteilt schockgefroren werden und im gefrorenen Zustand schnell verpackt und wieder ins Eisfach gelegt werden. So verkleben sie nicht und können in kleinen Mengen für Müsli etc. verwendet werden.

Kräuter: Grobe Stängel entfernen, entweder die Blättchen abzupfen und einfrieren oder die ganzen Kräuter hacken und portionsweise einfrieren.

Zubereitung von Früchten, Beeren, Nüssen und Samen

Mispelkonfitüre/Mus

Sie brauchen dafür 1,5 kg reife, süße Mispeln. Die Früchte gut waschen, halbieren und mit etwas Wasser weich kochen. Das Ganze durch ein feines Sieb streichen, dann das Fruchtmus mit 300–400 g Vollrohrzucker und 3 gestrichenen Teelöffeln Agar Agar unter Rühren zum Kochen bringen. Das Mus 2–3 Minuten kräftig kochen lassen. Heiß in sterilisierte Gläser schnell abfüllen und sofort verschließen. Anschließend die Gläser auf den Kopf stellen, bis sie ausgekühlt sind.

BILD links oben Fruchtleder (Rezept Seite 22)

BILD links Mitte Tiefgekühlte Heidelbeeren

BILD links unten Getrocknete Parasole & Pilzpulver aus den Stielen

BILD rechts oben Mispelkonfitüre

BILD rechts unten Getrocknete Waldpilze: Pfifferling, Krause Glucke, Rotkappe, Spitzmorchel

Zum Verfeinern eignen sich Fruchtschnäpse, Honig oder Gewürze wie Macis, Vanille. Sie können das Mus auch mischen mit weiteren Wildfrüchten wie Hagebutten, Weißdorn- oder Sanddornbeeren.

Fruchtleder

Für die Verarbeitung zu Fruchtleder eignen sich einwandfreie Beeren oder Früchte. Es gibt verschiedene Möglichkeiten, Fruchtleder herzustellen:

- Beeren wie Himbeeren, Walderdbeeren oder Heidelbeeren können roh verarbeitet werden.
- Schlehen, Vogelbeeren oder Schneeballbeeren sollten davor zu Mus gekocht und durch ein Sieb gestrichen werden, um die Kerne zu entfernen.

Wer mag, kann noch Gewürze wie Vanille, geriebene Tonkabohnen, gemahlenen Ingwer, Chili etc. hinzufügen oder mit Honig oder Likören verfeinern.

Die Masse wird dann möglichst dünn auf Backmatten verstrichen und im Dörrgerät oder Ofen bei ca. 50 °C mindestens 8–9 Stunden getrocknet. Das Fruchtleder sollte sich abziehen lassen und eventuell aufgehängt an einer Leine fertig getrocknet werden, bis es an einen lederartigen Zustand erinnert.

Wildkirschkompott

Dieses Kompott ist etwas aufwendiger, da die Wildkirschen sehr klein sind. Aber es lohnt sich, da das Aroma fantastisch intensiv ist. Fotos dazu sehen Sie beim Mohn-Schichtdessert auf Seite 81 oder bei den gebackenen Blüten der Traubenkirsche auf Seite 57.

Zum Entsteinen der Wildkirschen empfehle ich, eine kleine Flasche zu nehmen, eine Kirsche auf die Mündung der Flasche zu legen und mit einem Essstäbchen den Kern aus der Kirsche in die Flasche zu drücken. Dann geben Sie die Kirschen in sterilisierte Gläser und fügen 1-EL Vollrohrzucker zu. Die Gläser gut verschließen und im Backofen sterilisieren. Dazu die Gläser in die Fettpfanne mit etwas Wasser stellen, sodass sich die Gläser nicht berühren. Bei etwa 120 °C ca. 30–40 Min. garen (je nach Glasgröße), bis Bläschen zu sehen sind. Dann den Ofen ausschalten und die Gläser im geschlossenen Backofen über Nacht auskühlen lassen.

Saaten-Knusperbrot

100 g Reis-Vollkornmehl oder/gemischt mit Buchweizenmehl, 50 g Speisestärke, 150 g kaltes Wasser, 2–3 EL Olivenöl oder Kokosöl, 1 TL Salz, 1 TL Ras el Hanout oder Curry, etwas Chili mischen und ca. 10 Minuten quellen lassen. Den Teig auf ein mit einer Backmatte belegtes Backblech geben und ganz dünn mit einem Spatel oder einer Palette verstreichen. 5 EL Flohsamen im Mörser etwas anstoßen, sonst sind sie später zu hart. Die Samen auf den Teig streuen. Bei 150 °C (Umluft) im Backofen mindestens 45 Minuten goldbraun backen.

Statt dem Reismehl können Sie auch andere Mehlsorten verwenden. Oder Sie mischen die Wegerichsamen mit anderen Saaten wie den Samen von Brennnesseln, Nachtkerze, Leinsamen usw.

Eingelegte weiße Walnüsse

Die Zubereitung weißer Nüsse ist ein Kinderspiel. Sie brauchen dafür grüne Walnüsse, die Sie am besten im Juni ernten. Die Nüsse dürfen noch kein Holz gebildet haben.

Zwei Zitronen auspressen, die Hälfte des Saftes in eine Schüssel mit Wasser geben. 1 kg grüne Walnüsse mit einem Messer großzügig schälen, sodass man an die weiße Frucht kommt. Am besten dabei Handschuhe tragen, da die Nüsse die Haut schwarz färben. Die weißen Nüsse sofort in das Zitronenwasser geben.

BILD ganz oben Wegerich Kimchi (Rezept Seite 25)

BILD links Junge (weiße) Walnüsse schälen

BILD oben Saaten-Knusperbrot

Den restlichen Zitronensaft mit 150 g Zucker und 1 Stück Muskatblüte in ½ l Wasser zum Kochen bringen. Die geschälten Nüsse dazugeben und etwa 10 Minuten kochen lassen, bis sie weich sind.

Die Nüsse mit dem kochend heißen Sud in sterilisierte Einmachgläser füllen. Die Gläser verschließen und mindestens 6 Wochen kühl und dunkel reifen lassen.

Getränke

Veilchenlikör (Blütenlikör)

Eine große Handvoll Blüten in Alkohol (z. B. Gin, Wodka, Brand ...) einlegen und ein bis zwei Wochen dunkel lagern. Dann abseihen, nach Geschmack mit Kandis- oder Läuterzucker abschmecken und abfüllen. Zu besonderen Gelegenheiten genießen.

Himbeer-Sirup

1,5 kg Himbeeren verlesen (nach Möglichkeit nicht waschen), zerstampfen und mit 150 g Vollrohrzucker bestreuen. Eine Zitrone auspressen und den Saft zu den Himbeeren geben. Die Beerenmasse kalt entsaften (zum Beispiel mit einer Saftzentrifuge). Sie können auch ein Sieb in eine Schüssel hängen und dieses mit einem Geleetuch oder Geschirrtuch auslegen. Die Himbeermasse hineingießen und langsam abtropfen lassen - am besten abgedeckt über Nacht. Am Schluss das Tuch kräftig ausdrücken, um den restlichen Saft auszupressen.

Den Saft zum Kochen bringen, kochend heiß in sterilisierte Flaschen füllen und sofort verschließen.

Laktofermentierte Beeren

~

300 g Beeren (z. B. Heidelbeeren)
6 g Bergsalz

~

Die Beeren bei Bedarf säubern, mit dem Salz vermengen, sodass Salz und Früchte gut verteilt sind, und in ein sterilisiertes Glas geben.
Über die Beeren noch eine Prise Salz geben. Nun mit Fermentiersteinen beschweren und das Glas so verschließen, dass Luft entweichen kann.
Die Beeren ungefähr eine Woche bei Raumtemperatur, bestenfalls bei konstant 21 °C, fermentieren lassen.

Fermentieren

Die Fermentierung (von lat. fermentare = gären lassen) hat eine sehr lange Tradition, um Lebensmittel aller Art haltbar zu machen oder zu veredeln. Für den Prozess des Fermentierens sind natürliche, also in den Pflanzen oder Früchten vorhandene oder zugefügte Starterkulturen (Mikroorganismen wie Hefe, gute Bakterien oder Edelschimmelpilze) nötig. Die Fermentation findet meist unter Ausschluss von Luft statt. Dabei werden Enzyme freigesetzt, diese wiederum regen den Fermentierungsprozess an. Außerdem stärken sie die Darmbakterien und unser Immunsystem.

Wichtig ist, dass es sich um einwandfreie, frische Beeren oder Kräuter ohne schlechte oder gar schimmelige Stellen handelt. Nach dem Einfüllen muss der Glasrand über den Beeren oder Blättern sauber sein, ansonsten mit einem trockenen Tuch reinigen.

Je nachdem wie intensiv die laktofermentierten Heidelbeeren sein sollen, können Sie die Beeren ab Tag 5 genießen. Sobald die Heidelbeeren ausreichend fermentiert sind, können sie verschlossen im Kühlschrank gelagert werden. Dort halten sie problemlos einige Wochen bis Monate.

Wegerich-Kimchi

150 g Wegerichblätter oder andere Kräuter wie Sauerampfer etc. waschen und evtl. die harten Stiele entfernen. Einige Stiele lasse ich immer dran zum Aufwickeln. 20 g Bergsalz, 1/2 TL koreanisches Chilipulver oder etwas frische fein gehackte Peperoni, 20 g fein gehackten Schnittlauch mit Blüten, 1 EL Sojasauce, 5 g fein geriebenen Ingwer und 1 EL Birkenzucker (Xylit) vermischen und die Kimchi-Marinade über die Wegerichblätter gießen, sodass jedes Blatt gut gewürzt ist

Legen Sie 4–5 Wegerichblätter übereinander und rollen Sie die Blätter ein. Dann geben Sie die Röllchen möglichst dicht nebeneinander in ein Glasgefäß mit Deckel – es sollten keine Lufträume dazwischen sein. Sind alle Blätter gerollt im Gefäß, gießen Sie die eventuellen Reste der Marinade darüber.

Die Röllchen nochmals mit etwas Salz bestreuen und mit einem Fermentierstein beschweren. Das Glas verschließen und 4–5 Tage bei Raumtemperatur stehen lassen. Danach im Kühlschrank lagern.

Das Wegerich-Kimchi ist nach etwa 2 Wochen fertig und hält sich lange. Ein Foto davon sehen Sie auf Seite 23.

Fermentierter Blütensekt oder Blütenlimonade

~

200 g Vollrohrzucker
200 ml Apfelessig, unbehandelt
1–2 Bio-Zitronen oder 4–5 Stängel Sauerampfer
1–2 Handvoll Blüten (Klatschmohn, Schafgarbe, Wegerich, Malve, Gänseblümchen ...)

~

5 l Wasser mit Zucker und Apfelessig verrühren und in ein großes Glasgefäß geben. Die Blüten ausschütteln, von Insekten befreien und in die Zuckerlösung einrühren. Die Zitronen in Scheiben schneiden, zufügen und das Ganze mindestens 48 Stunden auf der Fensterbank in der Sonne ziehen lassen. Absieben und die Flüssigkeit in Glasflaschen (mit gesicherten Stöpseln) füllen, aber die Flaschen nicht ganz voll machen.
Die »Limonade« dann 2–3 Wochen kühl und stehend lagern. Beim Öffnen der Flaschen vorsichtig sein, denn durch die Gärung kann es einen sehr hohen Druck geben.
Der Blütensekt hat nur einen geringen Alkoholgehalt und kann deshalb wie Limonade getrunken werden.

Huflattich

Staunend aus der Ackerkrume
frostbewegt und sonnerregt
schaut die kleine gelbe Blume
gut, dass sich kein Wind hier dreht

heraus aus dunklem Erdenloch
zwängt sich Blütenkelch und Blatt
es war ein Rufen, ja, und doch
sind sie erstens mal schachmatt

all die Flächen, die verwaisten
sehnen sich ins Blumenmeer
wochenlang im Schnee vereisten
doch nun gibt's kein Halten mehr

Kopf an Kopf geht es ins Rennen
alle Kelche öffnen sich
auch die grünen Blätter brennen
darauf, zu umschließen dich

Margit Farwig

Wildkräuter im Frühling

Der Gundermann

Die wintergrüne Pflanze Gundermann *(Glechoma hederacea)*, auch Echte Gundelrebe, Gundelrebe oder Erdefeu genannt, gehört zur Familie der Lippenblütler *(Lamiaceae)*. Sein Name offenbart allerdings noch mehr altes Heilpflanzenwissen. »Gund« leitet sich vom althochdeutschen Wort »gunt« ab, was Eiter bedeutet. Als Heilpflanze schon den Germanen bekannt, wird Gundermann bis heute bei schlecht heilenden Wunden, Hautausschlägen und Insektenstichen verwendet. Sein Spitzname »Soldatenpetersilie« spielt auf den Würz- und Heilwert des Gundermanns an:

Durch die Bitterstoffe und ätherischen Öle hat die Pflanze einen würzigen, aromatischen Geschmack und kann roh in Salate oder süß als Schoko- oder Pralinenverzierung Verwendung finden. Oder gekocht für Suppen, Eintöpfe oder Omeletts Früher war sie Bestandteil der Gründonnerstagsuppe..

Heute erlebt das Wald- und Wiesengewächs eine Renaissance, gerade wegen seiner kräftigen Würze. Diese mehrjährige, immergrüne Pflanze wird im englischen Sprachraum Creeping Charlie genannt, da sie sich durch Stolonen (kriechende Stängel) und Samen ausbreitet. Sie kann dann dichte Rasen bilden. Die purpurfarbenen Blüten wachsen nur zur Blütezeit keck nach oben gestreckt, um ja nicht von Bienen übersehen zu werden. Sie können zur Dekoration für Desserts oder Getränke verwendet werden. Ein Klassiker: Die Blättchen, in Schokolade getunkt, als süßer Snack!

Für Kinder sind die Ranken eine tolle Spielpflanze. Es lassen sich aus ihnen dekorative Kränze, Armbändchen, Halsketten und Sonnenhut-Dekorationen winden, mit denen man sich schmücken kann.

Jahrhundertelang war der Gundermann als Bierwürze beliebt. Von der Vergangenheit der Gundelrebe als Bierkraut zeugen alte Namen wie Gartenhopfen und Erdhopfen. Hopfen wurde übrigens erst viel später zur Bierherstellung verwendet. Erst mit dem Reinheitsgebot von 1516 verschwand der Gundermann aus dem Bier.

Der Huflattich

Der gelb blühende Huflattich *(Tussilago farfara)* gehört zur Familie der Korbblütler *(Asteraceae)*. Er ist eine robuste, ausdauernde Pflanze, die sich auf Ödflächen und an Wegrändern zu behaupten weiß und sogar bis in Höhen von 2300 Metern vorkommen kann. Auch Kälte scheint diesem echten Frühblüher, dessen Wurzeln bis zu zwei Meter lang werden können, nichts auszumachen.

Der Huflattich gehört zu den ersten Frühjahrsblumen, ab Februar bis in den April zeigen sich die hübschen, strahlend gelben, korbähnlichen Blüten. Bis zu 300 schmale, längliche Zungenblüten und 30 bis 40 Röhrenblüten wachsen in einem Blütenkörbchen. Sie ziehen Bienen und Insekten an, die aus dem Winterschlaf kommen und Nahrung suchen.

Die lang gestielten, ledrigen Laubblätter des Huflattichs entwickeln sich erst ab April. Sie wachsen als Grundrosette, sind hufeisenförmig oder herzförmig und leicht gezähnt. Ihre Größe beträgt bis zu 20 Zentimeter. Erkennbar sind deutliche Blattadern an der Blattoberseite, an der Blattunterseite befinden sich kleine silbrige Blatthaare. Die grau verfilzte Unterseite wirkt wollig und beugt Verdunstungsverlusten der Pflanze vor.

BILD ganz oben Gundermann *(Glechoma hederacea)*

BILD links Blätter, Blüten und Samenstand des Huflattichs

BILD oben Huflattichblätter *(Tussilago farfara)*

BILD oben Veilchen *(Viola)*

BILD links Scharbockskraut *(Ficaria verna)* mit Brutknöllchen an den Wurzeln

Der Huflattich dient mehreren, in ihrem Bestand gefährdeten Schmetterlingsarten als Futterpflanze, darunter den Raupen des Alpen-Würfeldickkopffalters *(Pyrgus cacaliae)*, der Großen Bodeneule *(Rhyacia lucipeta)* und der Gelblichen Alpen-Erdeule *(Xestia ochreago)*.

In der Naturheilkunde ist Huflattich bekannt als ein bewährtes Hustenmittel, denn er enthält schleimlösende Inhaltsstoffe, außerdem Flavonoide, Gerbstoffe, Inulin und geringe Mengen Pyrrolizidin-Alkaloide. Von einer hochdosierten Langzeiteinnahme der Pflanze ist aufgrund des Gehalts an Pyrrolizidin-Alkaloiden abzuraten, da sie evtl. leberschädigend und kanzerogen wirken. Mehr dazu auf Seite 189.

Das Veilchen

Wenn die Veilchen *(Viola)* blühen, haben wir im phänologischen Kalender den Erstfrühling erreicht und die Natur ist nicht mehr aufzuhalten. Weltweit gibt es mehrere Hundert Veilchenarten. Seit vielen Jahrhunderten gilt das duftige Aroma der Blüten von *Viola odorata*, dem Wohlriechenden Veilchen, als Delikatesse und findet in der Küche oder Kosmetik Verwendung.

Auch in der naturheilkundlichen Hausapotheke und in der Naturküche ist das Veilchen kaum wegzudenken. Seine getrockneten Blüten sind oft Teil von Bronchitis- und Hustentees. Die Blüten und Knospen können nicht nur Salate und Desserts dekorieren. Auch in Agavensirup, Honig, Likör oder im Essig geben sie ihren zarten, blumigen Geschmack ab.

Leider ist die üppige Viola-Blütenzeit zeitlich beschränkt. Aber die grünen Blätter der Pflanze können bis September gesammelt werden und in Gemüsegerichte, Kräutersaucen oder Salate gemischt werden. Aber Vorsicht: Zu große Mengen können Übelkeit hervorrufen.

Das Scharbockskraut

Das Scharbockskraut (*Ficaria verna*, Syn. *Ranunculus ficaria*) wurde bisher zur Gattung der echten Hahnenfüße *(Ranunculus)* gestellt. Neuere Untersuchungen durch die Sequenzanalyse des genetischen Materials haben aber ergeben, dass die Art andere nähere Verwandte hat, allerdings weiterhin zur Familie der Hahnenfußgewächse *(Ranunculaceae)* gehört.

Der Name »Scharbock« ist eine alte Bezeichnung und leitet sich von Skorbut ab - einer Krankheit, die durch Mangel an Vitamin C entsteht und die früher meist bei Seefahrern auftrat. Das Scharbockskraut enthält reichlich Vitamin C und wurde deshalb im Mittelalter bis zur frühen Neuzeit oft gegen Skorbut eingesetzt. Die Pflanze galt als eine wichtige Heilpflanze auf diesem Gebiet.

Als typischer Frühblüher hat das Scharbockskraut nur ein kleines Zeitfenster der Genießbarkeit. Die Blätter und Brutknöllchen können solange gesammelt werden, wie sich die Blütenknospen noch nicht geöffnet haben und noch keine gelben Blütenteppiche bilden. Ab dann erzeugt das Kraut einen höheren Gehalt an Protoanemonin, das nicht jeder verträgt und das Erbrechen und Durchfall auslösen kann. Junge Blätter, die vor der Blütezeit geerntet werden, sind jedoch - in Maßen genossen - unbedenklich.

Der energiereichste Teil des Scharbockskrautes sind die kleinen, weißen, nussig schmeckenden Brutknospen in den Blattachseln (Bulbillen). Sie können roh verzehrt werden oder in Essig eingelegt als Kapernersatz gegessen werden. Die leicht herben, säuerlichen im Frühjahr geernteten Blätter des Scharbockskrautes eignen sich für Pestos, Quarkspeisen und Aufstriche oder können getrocknet in Kräutersalz verwendet werden.

GUNDERMANN

an Karpfen

Die echte Gundelrebe - wie man den Gundermann (Glechoma hederacea) *auch nennt - schmeckt mal lakritzig, mal minzig und hat schon den Germanen als Heilpflanze gedient.*

FÜR 2 PORTIONEN

¼ l trockener Riesling-Sekt
1/8 l Fischfond
1 TL weiße Pfefferkörner
1 Prise Salz
1 Handvoll Gundermann
150 g Knollensellerie
200 g rotschalige Kartoffeln
2 Karpfenfilets

1 In einen breiten Topf den Sekt, den Fischfond, die Pfefferkörner und das Salz geben. Den Gundermann waschen, in den Fond legen und alles erhitzen.

2 Den Sellerie schälen, die Kartoffeln waschen und beides in mundgerechte Stücke schneiden. Das Gemüse im Fond bissfest garen.

3 Die Fischfilets säubern und halbieren. Die Filets in den Gemüsefond geben und etwa 3 bis 4 Minuten gar ziehen lassen.

TIPP Wer möchte, kann den Fisch mit ein paar Butterflöckchen garnieren! Das würzige Aroma vom Gundermann eignet sich außerdem für ein selbst hergestelltes Kräutersalz. Die Kräuter am besten an trockenen Tagen am Spätvormittag ernten, wenn der Tau weg ist.

HUFLATTICH-
MILLE-FEUILLES

Huflattich ist für viele Insekten ein frühes Nahrungsangebot, das sie mit dem Verbreiten der Pflanze belohnen. Deshalb sollten nicht ganze Bestände abgeerntet werden.

FÜR 4 PORTIONEN

1 Ei
250 g Weizenmehl Type 550
100 ml kaltes Wasser
Bergsalz
100 g Huflattichstängel mit Blüten
2 EL Olivenöl
200 g Ziegenfrischkäse
frisch gemahlener Pfeffer

1 Den Backofen auf 220 °C (Umluft) vorheizen.

2 Für den Mille-feuilles-Teig das Ei trennen. Mehl, Eiweiß und Wasser zu einem geschmeidigen Teig kneten, eingewickelt eine Stunde kalt stellen.

3 Teig möglichst dünn ausrollen, mit einem Ausstecher etwa 16 bis 20 Kreise ausstechen und diese mit dem Eigelb bepinseln. Die Teigblätter auf ein mit Backpapier ausgelegtes Blech geben, mit etwas Bergsalz bestreuen und etwa 5 bis 8 Minuten knusprig backen.

4 In der Zwischenzeit den Huflattich säubern. Das Olivenöl in einer Pfanne erhitzen und die Huflattichstängel kurz darin schwenken.

5 Vier knusprige Teigblätter auf vier Tellern verteilen. Auf jedes Teigblatt ein dünnes Stückchen Ziegenkäse und etwas Huflattichstängel geben. Frisch gemahlenen Pfeffer darüberstreuen, dann wird die nächste Schicht Teigblätter darauf gestapelt. So verfahren Sie weiter, bis vier kleine Türmchen entstanden sind. Sofort servieren.

TIPP Schon Goethe schätzte die schuppigen Triebe wegen ihrer Zartheit, die gegart ähnlich wie Grünspargel schmecken. Im Sommer können die großen Blätter für Rouladen verwendet werden.

SCHARBOCKSKRAUT

gebuttert

Die Blätter des Scharbockskrauts (Ficaria verna) *enthalten viel Vitamin C und schmecken angenehm pfeffrig, leicht säuerlich und dezent bitter.*

FÜR 1 BUTTERROLLE

100 g Scharbockskrautblätter und -brutknöllchen
200 g Butter (oder vegane Butter)
½ TL Bergsalz
frisch gemahlener Pfeffer
½ TL Senfmehl

1 Die gesammelten Blätter des Scharbockskrauts und die Brutknöllchen reinigen, trocken tupfen und grob hacken..

2 Die zimmerweiche Butter, die Kräuter und die Gewürze in ein Multihackgerät geben und alles fein pürieren, bis eine cremige grüne Butter entsteht. Falls Sie kein Multihackgerät haben, können Sie die Kräuter auch per Hand ganz fein hacken und in die schaumig gerührte Butter einrühren.

3 Die Butter auf ein Stück Backpapier geben, zu einer Rolle formen oder in ein hübsches Gefäß füllen und im Kühlschrank bis zum Servieren kühlen.

TIPP Servieren Sie die Butter zu Gegrilltem, Kartoffeln oder einfach als Brotaufstrich.
Da die Erntezeit des Scharbockskrautes auf März und April beschränkt ist, ist es ratsam, die Butter auf Vorrat zu produzieren und in kleinen Mengen einzufrieren!

Die Lärche

Die Europäische Lärche *(Larix decidua)* ist eine der weltweit etwa zwölf Lärchenarten und gehört zur Familie der Kieferngewächse. Die Lärche ist bei uns der einzige Nadelbaum, der den Winter über seine Nadeln verliert.

Die Blüten und jungen Triebspitzen sind essbar

Für Sammler besonders interessant sind die Blüten der Lärche, die bereits im März/April zu finden sind. Die hellgrünen Triebspitzen kommen erst später und werden im Mai geerntet. Die Spitzen schmecken »zitrus-harzig-frisch« und eignen sich zur Herstellung von Sirup, Oxymel (Rezept siehe rechts) sowie für Lärchenspitzen-Butter oder Desserts. Die Lärche hat ein viel zarteres und zitroniges Aroma als die Fichte.

Zarte weibliche und männliche Blüten sind sofort essbar, als Wegerfrischung sozusagen. Das Aroma der Blüten ist sehr dezent und keinesfalls harzig oder terpentinartig. Aus den frischen Trieben der Zweigspitzen lässt sich ein wohlschmeckender Tee zubereiten. Feingehackt über deftige Suppen mit Käse gestreut, schmecken sie ebenfalls sehr erfrischend.

Aus den pinkfarbenen weiblichen Blüten, welche oft in unerreichbarer Höhe sind, wird Lärchenlikör oder Lärchengeist hergestellt. Wer im Frühjahr welche pflücken kann, sollte ungefähr eine Handvoll auf einen Liter hochprozentigen Alkohol (mindestens 40 Prozent) und etwas Kandiszucker ansetzen. Das Ganze muss dann mehrere Wochen ziehen.

Wer keinen Alkohol mag, kann die Blüten oder jungen Triebspitzen auch in Honig oder Agavensirup ausziehen. Ich liebe den Geschmack vom Sirup über Joghurt oder Pfannkuchen ...

»Pech« muss man haben

Der Lärche werden einige heilende Wirkungen zugeschrieben. Am bekanntesten ist das »Venezianische Terpentin« mit honigartiger Konsistenz, das durch Wasserdampfdestillation hergestellt wird.

Lärchen-Oxymel

~

300 g Wald-Honig
150 ml Bio-Apfelessig
1 große Handvoll Lärchenspitzen und/oder Blüten
1 Prise Bergsalz

~

Alle Zutaten in ein breites Schraubdeckelglas füllen, evtl. mit einem Stabmixer (Pürierstab) zerkleinern.
Die Spitzen oder Blüten ca. 2 bis 3 Wochen ausziehen lassen, dann alles durch ein feines Sieb gießen und in eine Glasflasche füllen. Kühl lagern.
Je nach Geschmack 1 Esslöffel Lärchen-Oxymel in ein Trinkglas geben, mit frischem Wasser aufgießen, verrühren und genießen.
Im Kühlschrank ist das Oxymel mindestens ein halbes Jahr haltbar.

Basis für diesen Balsam ist das Harz aus dem Lär chenstamm. Es enthält 15 bis 20 Prozent ätherisches Öl, über 50 Prozent Harzsäuren, Bitter- und Farbstoffe. Die Gewinnung, das sogenannte Pechen, erfolgt bei Lärchen heute nach dem schonenden »Tiroler Bohrverfahren«. Dazu wird die Südseite des Baumes angebohrt, weil Wärme die Harzbildung und den leichten Abfluss des Harzes fördert. Der bis zu 80 Zentimeter lange Bohrkanal schneidet die Harzleitungen (Risse) an und dient zugleich als Sammelbehälter für das aus den Rissen zufließende Harz. Bis zur eigentlichen Harzentnahme ist allerdings Geduld erforderlich, denn zwischen dem Anbohren und der ersten Harzgewinnung vergehen in der Regel zwei Jahre. Das Bohrloch wird sofort mit einem konisch geformten Lärchenholzstopfen zum Schutz gegen eindringendes Regenwasser, Verunreinigungen und Insekten verschlossen. Das Harz wird dann in der warmen Jahreszeit ab Mai bis September gewonnen.

Venezianisches Terpentin wird als lokales Antiseptikum äußerlich angewendet und soll gegen Gicht, Hexenschuss, Rheuma, Neuralgien, Erkältungen, Durchblutungsstörungen und Infektionen helfen.

Weitere Anwendungen

- Lärchenöle werden in der Kosmetik-und Aromaindustrie verwendet und befinden sich z. B. in Massage- und Duftlampenölen.
- In der Tierheilkunde werden terpentinhaltige Salben und Öle zur Desinfektion und Durchblutungsförderung bei oberflächlichen Verletzungen sowie in der Huf- und Klauenpflege eingesetzt.
- In der Lack- und Kunststoffindustrie dienen die Öle zur Herstellung elastischer Schutzlacke und als Kleb- oder Kittstoff von optischen Linsen.

Auf Lärchen wächst mittlerweile nur noch selten der Lärchenschwamm oder Lärchenporling *(Laricifomes officinalis)*, ein Schwächeparasit, früher allgemein bekannt als »Apothekerschwamm«. Jahrhundertelang war er aufgrund der ihm nachgesagten Heilwirkung einer der begehrtesten und berühmtesten Pilze überhaupt. Sein Myzel wurde sogar zur Textilherstellung verwendet.

Ein guter Speisepilz ist der Goldröhrling *(Suillus grevillei)*, auch Goldgelber Lärchen-Röhrling genannt, ein Mykorrhiza-Partner der Lärchen. Er ist häufig schon im frühen Sommer zu finden.

Beim Ernten beachten

Pflücken Sie die Blüten und Triebe bitte nicht von Jungbäumen und nehmen Sie nicht zu viele Triebe von einem Ast. Junge Lärchentriebe sollten am besten von alten Lärchen gesammelt werden, deren Äste weit nach unten hängen.

BILD oben Europäische Lärche *(Larix decidua)*, der einzige Nadelbaum bei uns, der im Winter seine Nadeln verliert.

LÄRCHENBLÜTEN

an Salat

Die Lärchenblüten sind ein frischer, gesunder Snack bei Wanderungen!

FÜR 2 BIS 4 PERSONEN

200 g frische Champignons, vielleicht selbst angebaut im Keller
2–3 EL Springkrautsprossen oder frische grüne Blätter des Wohlriechenden Veilchens
3–4 EL Olivenöl
1 EL Apfelessig
Bergsalz
frisch gemahlener Pfeffer
Lärchenblüten
150 g Feta Schafs- oder Ziegenkäse
1 EL Leinsamen gold

1 Die Champignons mit einem trockenen Tuch säubern und in möglichst feine Scheiben schneiden oder mit einem Gourmethobel hobeln.

2 Die Springkrautsprossen, alternativ die Veilchenblätter waschen und mit dem Olivenöl und Essig fein pürieren. Mit Salz und Pfeffer abschmecken.

3 Den Feta in möglichst dünne Scheiben schneiden und mit den Champignons auf einer Platte anrichten. Das frische Kräuteröl-Dressing darüberträufeln, mit den Lärchenblüten und Leinsamen bestreut servieren..

TIPP Wer es scharf möchte, kann ein paar Chiliflakes über den Salat streuen. Dazu frisches Brot oder gekochte Kartoffeln servieren.

LÄRCHENSPITZEN

auf Törtchen

Die Lärchenspitzen sollten ab März bis April gesammelt werden, da sind sie noch jung und weich.

FÜR 8 BIS 10 DESSERTRINGE (Ø 6 CM)

BISKUIT

70 g Kastanienmehl
50 g Speisestärke
1 Msp. Backpulver
4 Eier
100 g Vollrohrzucker
1 Prise Salz
2 EL Nussöl

CREME UND DEKO

30 g unbehandelte junge Lärchenspitzen (davon 6–8 Lärchenspitzen als Deko)
50 g gehackte weiße Kuvertüre
200 g Himbeeren (TK vom Vorjahr oder Himbeerkonfitüre)
80 g Vollrohrzucker oder andere Süße
1 TL Agar-Agar
1 Becher Sahne

Backform (ca. 25 x 25 cm), mit Backpapier ausgelegt

1 Für den Biskuit den Backofen auf 210 °C (Ober- und Unterhitze) vorheizen.

2 Mehl, Stärke und Backpulver sieben. Eier trennen, das Eiweiß mit der Hälfte des Zuckers und etwas Salz steif schlagen. Die Eigelbe mit dem restlichen Zucker und 3 EL warmem Wasser schaumig rühren.

3 Das Nussöl, den Eischnee und die Mehlmischung vorsichtig unter die Eigelbmasse heben. Die Masse in die Backform einfüllen und auf der mittleren Schiene 10 Minuten goldbraun backen

4 Die Kuvertüre über einem Wasserbad schmelzen. Die Lärchenspitzen in die Kuvertüre tauchen und auf einem Stück Backpapier trocknen lassen..

5 Himbeeren, restliche Lärchenspitzen und Zucker fein pürieren, evtl. durch ein feines Sieb streichen. Agar-Agar einrühren, die Mischung kurz aufkochen und abkühlen lassen. Die Sahne steif schlagen und unter die Himbeermasse heben.

6 Mit den Dessertringen Böden aus dem Biskuit ausstechen, die Creme einfüllen und die Törtchen kalt stellen.

7 Die gekühlten Törtchen aus den Ringen lösen und mit den Schoko-Lärchenspitzen verzieren.

VIOLEN

mal schokoladig

Veilchen oder Violen (Viola) *gelten als Liebesgabe und Inbegriff der Bescheidenheit, obwohl sie auffällig lila blühen und tatsächlich Süßem und Schokoladigem als Aromasteigerung dienen – und das auch noch höchst dekorativ!*

FÜR 1 GROSSE TAFEL (CA. 20 X 30 CM)

1 Eiweiß
1 Handvoll Veilchen
50 g Birkenzucker
70 g Kokosfett
80 g Kakaobutter
80 g gemahlener Birkenzucker
100 g Kakaopulver
Mark von einer Vanillestange
nach Belieben 1 EL Rum

1 Mit einem feinen Pinsel etwas Eiweiß auf die Veilchenblüten streichen und diese anschließend mit etwas Birkenzucker bestreuen. Die Blüten auf einem Gitter oder etwas Backpapier trocknen lassen.

2 Währenddessen Kokosfett, Kakaobutter und Birkenzucker in eine Metallschüssel geben und über einem Wasserbad bei niedriger Hitze schmelzen. Kakao sieben und in das Kokos-Kakaobutter-Gemisch einrühren. Die Mischung ganz glatt rühren (je länger die Kakaomasse gerührt wird, desto schöner wird die Schokolade. Ihre Temperatur sollte dabei 36 °C nicht überschreiten) und vom Wasserbad nehmen. Das Vanillemark mit dem Rum in die Schokomasse einrühren.

3 Die Masse rasch auf ein mit Backpapier ausgelegtes Blech gießen und mit den gezuckerten Veilchen bestreuen. Für etwa 30 Minuten im Kühlschrank kühlen, dann in Stücke brechen!

TIPP Die grünen zarten Blätter des Märzveilchens eignen sich für Salate, schmackhafte Suppen oder Soßen!

Waldmeisters Frühlingstraum

Die Zeit steht still und doch, oh Mai,
stellst Weichen du im Sonnenwind,
spielst Amor oder Blumenkind.

Ein Hauch von weißen Blüten
weht hohem Lied der Liebe
ins eng verschlungene Geäst.

So zärtlich angestimmte Lieder
verhallen gurrend im Gefieder
im Taubenblau der Dämmerung.

Das Weiß der Wolkenfelder
ziert Feder- und auch Schäfchenwälder
ganz wie dem Wind von Herzen weht.

Und aus der Ferne, hörst Du nicht,
hat es wie Donnerhall geklungen,
der Frühling ist aufs Eis gesprungen.

Die Sonne malt geschwind ein Bild,
das Herz soll überquellen,
wie einst im Mai, zart in Pastell

soll's Dir von Liebe singen,
des Amors Pfeil zielt blitzesschnell,
ein Märchen kann beginnen.

© Margit Farwig

Der Waldmeister

Er war einst eines der beliebtesten Frühlingskräuter und galt als die Vanille des Waldes. Auch als Heil- und Würzpflanze wurde er genutzt.

Der Waldmeister (*Galium odoratum* oder *Asperula odorata*), eine ausdauernde Staude, gehört zur Gattung der Labkräuter (eine Familie der Rötegewächse) und wird auch Wohlduftendes Labkraut genannt. Das typische Waldmeister-Aroma entsteht durch den Inhaltsstoff Cumarin. Die Hauptblütezeit des Waldmeisters liegt im Wonnemonat Mai. In feuchten Laubwäldern, vorzugsweise im Schatten von Rotbuchen, entfaltet er seine weißen Blütenteppiche.

Die lanzettlichen, stachel-spitzigen Blätter stehen auf mehreren Ebenen quirlförmig rings um den Stängel – im unteren Teil des Stängels zu sechst, im oberen Teil zu acht. Sie sind sein auffälligstes Erkennungsmerkmal. Der Stängel des Waldmeisters ist glatt, vierkantig und unverzweigt. Die Wuchshöhe kann 15 bis 30 cm erreichen. Die weißen, kleine Blüten bilden einen doldigen Blütenstand aus. Je nach Standort erscheinen seine weißen Blüten von Ende April bis Juni. Die Krone ist trichterförmig und 4 bis 5 mm breit. Die Früchte des Waldmeisters weisen Widerhaken auf.

Waldmeister selbst im eigenen Garten anbauen

Dem Waldmeister genügt ein schattiges Plätzchen und er benötigt nur wenig Wasser. Die Anpflanzung kann entweder mit Stecklingen oder durch die Aussaat im Herbst erfolgen. Im zweiten Jahr kann dann bereits geerntet werden.

RECHTS Blühender Waldmeister *(Galium odoratum)*

Reibt man die Blätter zwischen den Händen, offenbart sich der charakteristische Waldmeistergeruch.

Waldmeister anwenden

Verantwortlich für das wohlriechende vanilleartige Aroma ist der sekundäre Pflanzenstoff Cumaringlycosid, der beim Welken der Pflanzen freigesetzt wird und für die Wirkung des Waldmeisters verantwortlich ist. Getrocknet als Tee hat Waldmeister eine entkrampfende, beruhigende, aber auch blutverdünnende Wirkung. Deshalb kann er als Beruhigungsmittel und Stimmungsaufheller verwendet werden. Auch soll er bei Unterleibsschmerzen, Schlafstörungen oder Kopfschmerzen, sogar bei Migräne Linderung verschaffen.

Doch ist Vorsicht geboten bei der Anwendung und beim Verzehr, da das Cumarin in höheren Dosen schädlich sein kann. Dabei können Nebenwirkungen wie Kopfschmerzen, Benommenheit oder im schlimmsten Fall sogar Leberschäden auftreten. Auf Schwindel und Halluzinationen durch den übermäßigen Genuss von Waldmeister machen Namen wie »Waldmeister« selbst oder das französische »reine de bois« (= Waldkönigin) und das lateinische »matrisylva« (= Waldmutter) aufmerksam.

Waldmeistertee

~

2–3 g getrocknetes Kraut

~

Das Kraut mit 1 l kochendem Wasser überbrühen und 3 Minuten ziehen lassen. Dann abseihen.

früher ...

Auch Liebestränke wurden fabriziert, denn Waldmeister soll die Liebeslust anregen.

Im Mittelalter sollte ein Armband aus Waldmeister vor Hexen in der Walpurgisnacht schützen sowie vor dem bösen Blick. Der Waldmeister ist die Pflanze der Waldelfen und gehört zu den sogenannten »Bettstrohkräutern«. Er wurde früher Wöchnerinnen und ihren Säuglingen unter die Strohmatratze gelegt, um mit seinen beruhigenden und entkrampfenden Eigenschaften deren Wohlbefinden zu fördern. In Kräuterkissen oder als Sträußchen im Kleiderschrank hilft der Duft des Waldmeisters als Mottenschutz.

Eine alte Bauernweisheit besagt: Wenn Waldmeister besonders stark duftet, steht Regen bevor.

... und heute

Cumarin ist in vielen Pflanzen enthalten, zum Beispiel auch in der Tonkabohne, im Gelben Steinklee oder in Cassiazimt, und dient in der Medizin als Baustein für Medikamente gegen Venenerkrankungen und Durchblutungsstörungen.

Weitere Inhaltsstoffe des Waldmeisters sind Asperulosid, Flavonoide und Bitter- sowie Gerbstoffe.

Auch das Trocknen und Einfrieren der Pflanzen bewirkt die Freisetzung des Waldmeister-Aromas.

Waldmeistertinktur

~

5 g Waldmeister frisch oder getrocknet
100 ml 60-prozentiger Alkohol

~

Den Waldmeister mit dem Alkohol übergießen und ca. 2 Wochen ziehen lassen. Dann abseihen.
Von der Tinktur 20 Tropfen in etwas Wasser auflösen und einnehmen oder anwenden.

Wird als Basis für ein kühlendes Hauttonikum bei Sonnenbrand oder Insektenstichen verwendet.

Da der Waldmeister als Würzpflanze sehr ergiebig ist, genügen bereits geringe und unbedenkliche Mengen, um Speisen oder Getränke zu verfeinern. Allgemein werden nicht mehr als drei Gramm Waldmeister pro Liter Flüssigkeit pro Tag empfohlen – nachzulesen in der deutschen Aromenverordnung.

Mit den angetrockneten Blättern aromatisiert Waldmeister zum Beispiel Getränke, Sirup, Joghurt, Torten, Frischkäse, Saucen oder Süßspeisen.

Alter medizinischer Maitrank

Mischen Sie 30 g Waldmeisterblüten und -blattspitzen, 20 g Walderdbeerblätter, 10 g Blätter der Schwarzen Johannisbeere und 10 g Blätter der Gundelrebe. Geben Sie alles in eine angewärmte Porzellanschüssel und bestreuen Sie das Ganze mit 150 g Puderzucker. Lassen Sie die Kräuter zugedeckt 2 Stunden ziehen, dann gießen Sie 3 Liter Weißwein darüber. Noch einmal 2 bis 3 Stunden ziehen lassen, abseihen, in Flaschen füllen und kühl stellen.

Dieser Trank ist sehr belebend, herzstärkend, verdauungsfördernd und sollte nach den Mahlzeiten in kleinen Mengen getrunken werden.

Maibowle, ein traditionelles Rezept

Dafür brauchen Sie 2 Flaschen Weißwein (für eine alkoholfreie Variante die gleiche Menge Apfelsaft) und 1 Flasche trockenen Sekt oder Sprudelwasser. In den Wein kommt ein Bund Waldmeister, den Sie vorher getrocknet haben oder eingefroren hatten. Das Bündel Waldmeister hängen Sie am besten an einem Faden in den Wein.

Lassen Sie das Ganze mindestens 30 Minuten gekühlt ziehen, danach das Waldmeisterbündel entfernen. Den aromatisierten Wein oder Saft mit dem Sekt oder Sprudel aufgießen und servieren.

Weitere regionale Namen

Duftlabkraut, Maikraut, Wohlriechendes Meierkraut, Schumarkel, Halskräutlein, Herzfreude, Herzfreund, Maiblume, Maikraut, Maitrankkräutel, Sternleberkraut, Waldmännchen, Waldmutterkraut, Waldleberkraut.

WALDMEISTER

ein süßer Traum

Waldmeister sollte möglichst vor der Blüte geerntet werden, da der Cumarin-Gehalt während der Blütezeit ansteigt.

FÜR 4 PORTIONEN

200 ml Weißwein oder Apfelsaft
1 angetrocknetes Sträußchen Waldmeister
1½ Blatt Gelatine oder 1 TL Agar-Agar
50 g Vollrohrzucker oder andere Süße
½ Vanilleschote
125 ml Mandelmilch
125 ml Sahne
2 Eigelb
15 g Speisestärke
100 g Wald-Erdbeeren, frisch oder gefroren

1 Den Waldmeister im Weißwein oder Apfelsaft 3 bis 4 Stunden ziehen lassen.

2 Gelatine in kaltem Wasser einweichen. Wenn sie weich ist, ausdrücken und in etwas erhitztem Waldmeisterwein auflösen.

3 Den Waldmeister abseihen, die aufgelöste Gelatine und 30 g Zucker in den Waldmeisterwein einrühren und die Masse in vier Gläser füllen. Kalt stellen. Wenn Sie Agar-Agar verwenden, sollte der Wein damit kurz aufkochen!

4 Die Vanilleschote längs aufschlitzen und das Mark herauskratzen, beides mit der Mandelmilch mischen. 10 g Zucker einstreuen und die Milch erhitzen.

5 Sahne, Eigelb, restlichen Zucker und Speisestärke mit einem Schneebesen gut verrühren. Die Stärkemischung in die kochende Milch einrühren und kurz aufkochen lassen. Die Vanilleschote entfernen und die Mandelmilch zugedeckt abkühlen lassen.

6 Die abgekühlte Vanillecreme auf dem Waldmeistergelee verteilen und mit den Wald-Erdbeeren servieren.

BILD links oben Blühender Schlehdorn *(Prunus spinosa)*

BILD links unten Sommer-Linde *(Tilia platyphyllos)*

BILD rechts oben Gewöhnliche Traubenkirsche *(Prunus padus)*

Der Schlehdorn

Der auch Schlehendorn, (Gemeine) Schlehe, Sauerpflaume, Heckendorn oder Schwarzdorn genannte Schlehdorn *(Prunus spinosa)* gehört zur Familie der Rosengewächse *(Rosaceae)* und ist wie alle Rosengewächse nicht giftig! Wer ihn im Garten anpflanzen möchte, sollte bedenken, dass die Pflanze zu den Wurzelkriechpionieren gehört und schnell den ganzen Garten einnehmen kann. Dadurch ist der Schlehdorn für eine Heckenbildung wunderbar geeignet. Die Schlehe zählt zu den wichtigsten Schutz- und Nahrungssträuchern für Tiere.

Im Frühjahr, wenn die Schlehen ab dem späten Februar die Landschaft verzaubern mit einem duftenden Schleier aus weißen Blüten, die lange vor dem Laubaustrieb erscheinen, herrscht dort reges Leben. Die verschiedensten Insekten laben sich dann am Nektar und an den Pollen.

Auch für uns hat der Schlehdorn einiges zu bieten. Die Blüten haben einen herben Bittermandelgeschmack und lassen sich als Tee aufbrühen. Wer möchte, kann die Blüten in Apfelessig einlegen, um das zarte mandelduftige Aroma einzufangen.

Die weißen Blüten der Schlehe erscheinen noch vor den Laubblättern. Der mandelige Duft der Schlehe wird im Sirup konserviert. Aus den leuchtenden Blüten entwickeln sich die begehrten blauschwarz bereiften Früchte. Sie bleiben den Winter über am Strauch und sind teilweise sogar noch am Frühlingsanfang zu ernten.

Gewöhnliche Traubenkirsche

Dieser bis 15 m hoch wachsende Baum oder Strauch gehört zur Familie der Rosengewächse *(Rosaceae)* und dort wie der Schlehdorn zur Gattung *Prunus*.

Die Blüten der Gewöhnlichen Traubenkirsche *(Prunus padus)* duften stark nach Honig, haben ein leicht blumiges und kräftiges Bittermandel-Aroma. Die Erntezeit ist von April bis Ende Mai. Die Blattoberseite zeigt eine matte dunkelgrüne Farbe.

Die roh nach Bittermandel schmeckenden reifen Früchte können gekocht als Wildobst oder zu Marmelade, Gelee und Säften verarbeitet werden.

Das relativ weiche, helle Holz mit braunrötlich grünem Kernholz lässt sich gut zum Schnitzen und Drechseln verarbeiten.

Nicht verwechselt werden darf die Gewöhnliche Traubenkirsche mit der etwas später blühenden Späten Traubenkirsche *(Prunus serotina)*. Dies ist ein Neophyt aus Nordamerika mit glänzenden, bis 12 Zentimeter großen Laubblättern. Ihre Blüten riechen unangenehm nach Urin und schmecken auch so! Sie sind etwas kleiner als die der einheimischen Art. Außerdem sollen die Samen der Steinfrüchte und die Blätter von *Prunus serotina* mehr cyanogene Glykoside enthalten als die einheimische Art.

Auch die **Wildkirsche** oder **Vogelkirsche** *(Prunus avium)* gehört zu den Rosengewächsen. »Avis« ist lateinisch für Vogel. Die Steinfrüchte haben einen bittersüßen intensiven Mandelgeschmack. Die jungen Blätter verwende ich gerne zum Einmachen oder Fermentieren als Abschluss. Sie geben einen würzigen Geschmack, außerdem machen die Gerbsäuren Gurken knackiger. Das Rezept für das Kirschkompott steht auf Seite 22.

Sommer-Linde

Die Sommer-Linde *(Tilia platyphyllos)* wird auch Großblättrige Linde *(Tilia grandifolia)* genannt. Der bis 40 Meter hohe Laubbaum gehört in die Familie der Malvengewächse *(Malvaceae)*.

Im zeitigen Frühjahr können die zarten, samtigen Lindenblätter als Rohkost und Salatersatz verspeist werden. Aber sie können auch Rouladen, Quarkspeisen und warme Gerichte ergänzen.

Anfang Juni duften die Blüten der Sommer-Linde und bilden reichlich Nektar für Insekten. Diese Gelegenheit nutzen viele Imker, um ihre Bienen zu nähren, wodurch der beliebte Lindenhonig gewonnen wird. Wegen ihrer Funktion als wichtige Trachtpflanze durften Linden früher nur selten gefällt werden. Der Blütenduft ist besonders gegen Abend aromatisch, dann ist auch die beste Zeit, die Blüten zu zupfen und zu trocknen für den winterlichen Teevorrat. Denn bekanntlich sorgt ein Lindenblütentee bei grippalen Infekten durch seine schweißtreibende Wirkung für »Linderung«. Die Blüten enthalten Schleimstoffe, Gerbstoffe und das ätherische Öl Farnesol.

Früher kauten Sänger die jungen Fruchtstände, die schon Ende Juni gebildet werden, um ihre Stimmbänder zu stärken. Auch die Blattknospen im Winter enthalten viele Mineralstoffe und können als Snack gegessen werden. Aus den Blütenknospen lassen sich würzige Kapern zaubern.

SCHLEHE

mit herzhafter Ziege

Für einen mandeligen Schlehenblütenessig die Blüten in Apfelessig zwei Wochen ziehen lassen, dann abseihen.

SCHLEHENBLÜTENSIRUP

Saft von einer ½ Zitrone
100 g Vollrohrzucker
100 ml Wasser
3 Handvoll Schlehenblüten

FÜR 4 PORTIONEN
SALAT

2 Handvoll Sauerampfer- und Veilchenblätter
4 kleine Ziegenkäse
2 EL eingelegte Schlehenfrüchte (Rezept siehe Wildfrüchtebrand Seite 160)
1 EL Schlehenblütenessig (Rezept siehe oben)
3 EL Traubenkernöl
Bergsalz
frisch gemahlener Pfeffer
Veilchen- und Schlehenblüten als Deko
evtl. 2 EL Walderdbeeren (z. B. eingefroren vom Vorjahr)

1 Für den Schlehenblütensirup Zitronensaft, Zucker und Wasser so lange einkochen, bis ein Sirup entsteht. Den Sirup heiß über die Schlehenblüten geben und zugedeckt 12 Stunden ziehen lassen. Anschließend den Sirup abseihen..

2 Für den Salat die Kräuter verlesen, nach Bedarf waschen und trocken schleudern.

3 Den Ziegenkäse in vier feuerfeste Förmchen geben, mit den Schlehenfrüchten bestreuen und jeweils mit etwas Schlehenblütensirup beträufeln. Den Käse im Ofen bei 120 °C (Umluft) etwa 5 bis 8 Minuten erwärmen.

4 Schlehenessig, Traubenkernöl und 1 EL Sirup zur Vinaigrette verrühren und mit Salz und Pfeffer abschmecken.

5 Die Kräuterblätter auf vier Teller verteilen und mit der Vinaigrette beträufeln. Dazu den gebackenen Ziegenkäse servieren. Den Salat mit Veilchenblüten und falls vorhanden mit Walderdbeeren dekorieren.

TIPP

Den Schlehenblütensirup bewahren Sie am besten auf, indem Sie ihn heiß in verschließbare Gläser oder Flaschen abfüllen. Der Sirup kann mit Mineralwasser auch als Erfrischungsgetränk genossen werden.

TRAUBENKIRSCHE

gebacken

Die wohlduftenden weißen Blüten der Gewöhnlichen Traubenkirsche (Prunus padus) *erscheinen schon im April und ähneln Traubendolden – daher der Name.*

FÜR 4 BIS 6 PORTIONEN

2 Eier
1 Prise Salz
150 g Mehl
200 ml Hafermilch
ca. 16 Traubenkirschen-Blütenrispen
Öl zum Ausbacken
Vollrohr-Puderzucker oder etwas Birkenzucker zum Bestreuen

1 Die Eier trennen und das Eiweiß mit dem Salz steif schlagen. Aus Eigelb, Mehl und Milch einen glatten Teig anrühren. Das steif geschlagene Eiweiß vorsichtig unterheben.

2 Das Öl in einer tiefen Pfanne auf 160 °C erhitzen. Die Blütenrispen vorsichtig in den Teig tauchen und im heißen Öl goldbraun ausbacken.

3 Die gebackenen Blüten vorsichtig aus dem Öl nehmen und auf einem Küchentuch etwas abtropfen lassen. Die warmen Blütenrispen mit Puderzucker bestreut warm servieren.

TIPP Dazu harmoniert geschmacklich Kirschkompott (Rezept Seite 22) und ein cremiges Eis!
Vorsicht, nicht jede Traubenkirsche eignet sich (siehe Seite 53)!

LINDENBLÄTTER

in grüner Eierrolle

Zwischen Juli und September können Walderdbeeren für den Wintervorrat gesammelt werden, sodass sie unabhängig von der Jahreszeit als Dekoration dienen.

FÜR 2 BIS 3 PERSONEN

SALAT

3 Handvoll zarte Lindenblätter, Schafgarbe, Wegerichblätter
1 TL Lindenkapern (Rezept Seite 72)
2 EL Kornelkirschen-Oliven (Rezept Seite 114)
Bergsalz
frisch gemahlener Pfeffer
2 EL weiße Walnussscheiben mit Sirup (Rezept Seite 22)
1 EL Apfelessig
3 EL Walnussöl

EIERROLLE

2 Eier
100 g Frischkäse (Ziege, Schaf oder Kuh)
2 EL Wald-Erdbeeren oder eingelegte Wildkirschen (Rezept Seite 22)
essbare Blüten zur Dekoration (Schafgarbe, Gundermann, Malve)

1 Für den Salat und die Eierrolle die Lindenblätter und Kräuter verlesen, bei Bedarf waschen und in mundgerechte Stücke zupfen.

2 Etwas Saft der Lindenkapern mit Salz, Pfeffer, Walnusssirup, Essig und Öl zu einem Dressing verrühren.

3 Für die Eierrolle die Hälfte der Kräuter grob hacken und mit den Eiern, etwas Salz und Pfeffer pürieren. Die Eiermasse auf ein mit Backpapier ausgelegtes Backblech geben und ca. 5 Min im vorgeheizten Backofen (Umluft 160 °C,mittlere Schiene) stocken lassen. Das Kräuterei aus dem Ofen nehmen und abkühlen lassen.

4 Das Kräuterei mit dem Frischkäse bestreichen, aufrollen und bis zum Anrichten kühl stellen.

5 Zum Anrichten den Salat mit dem Dressing mischen und auf Tellern verteilen. Die Kräuterrolle schräg aufschneiden, mit den Lindenkapern, Kornel-Oliven und den eingelegten Walnüssen auf die Teller geben.

6 Wer möchte, kann ein paar essbare Blüten und Beeren oder Kirschen darüberstreuen. Saatenbrot (Rezept Seite 22, gebratene Pilze wie Pfifferlinge und Perlpilz-Kartoffelpuffer (Rezept Seite 66) runden den Salat ab!

Morcheln

Die Morcheln (Gattung *Morchella*) gehören in die Familie der Morchelverwandten *(Morchellaceae)*, darunter befinden sich so begehrte Speisepilze wie die Speise-Morchel *(Morchella esculenta)* und die Spitzmorchel *(Morchella conica)*, die auch im Handel erhältlich sind. An den wabenförmigen Vertiefungen der Hüte sind sie leicht zu unterscheiden von der zur gleichen Zeit erscheinenden, aber giftigen Frühsjahrs-Lorchel *(Gyromitra esculenta)*.

Morcheln sind roh giftig und bleiben auch luftgetrocknet giftig, das heißt, sie müssen wie die meisten Speisepilze für alle Zubereitungen richtig erhitzt werden. Beim Erhitzen werden Substanzen wie Hydrazine, die den Magen-Darm-Trakt reizen und die auch in Speisemorcheln wahrscheinlich in geringen Mengen enthalten sind, inaktiviert.

Wer noch nie Morcheln gegessen hat, sollte deshalb mit kleinen Portionen anfangen. Die Verträglichkeit von Pilzen ist individuell sehr unterschiedlich. Die magen- und darmreizenden Stoffe in bestimmten Pilzen wirken sich bei manchen Menschen störend aus, bei anderen überhaupt nicht.

Leider ist sogar Handelsware manchmal nicht mehr frisch oder gar schimmlig, also auch beim Kauf genau hinschauen!

Schopftintling

Der wohlschmeckende Schopftintling *(Coprinus comatus)* hat den Namen Spargelpilz zurecht verdient. Der Hut des jungen Pilzes ist eiförmig. So lange er noch weiß ist, die Lamellen rosa sind und noch nicht schwarz zerfließen, eignet er sich als vorzüglicher Speisepilz. Er kann samt Stielen gegessen werden!

Beim Sammeln sollte man aber beachten, dass der Pilz gerne auf nährstoffreichen Böden wächst und auch Schwermetalle wie Cadmium und Quecksilber in seinen Fruchtkörpern anreichern kann. Deshalb nur von unbelasteten Standorten verwenden!

Der Schopftintling ist hochinteressant für Diabetiker, denn er hat eine blutzuckersenkende Wirkung. Diese beruht auf einer natürlichen Schutzwirkung auf die Langerhans-Inseln. Das sind die Zellen in der Bauchspeicheldrüse, die das Insulin produzieren. Insulin reguliert den Zuckerstoffwechsel im Körper. Die Diabetiker profitieren von der Normalisierung des Blutzuckerspiegels sowie vom Rückgang der Durchblutungsstörungen und vom Abbau von Ablagerungen in den Arterien.

Ein Pilz zum Schreiben und Stempeln

Die meisten Tintlinge zerfließen, wie ihr Name schon besagt, mit dem Heranreifen der Sporen zu einer lichtechten Tinte. Die Pilz-Tinte vom Schopftintling eignet sich zur Kalligrafie. Sie wird schon seit Jahrhunderten als Schreib- und Zeichentinte verwendet. Es ist ganz einfach, aus dem Hut des Schopftintlings Tinte herzustellen: Das meiste macht der Pilz von selbst!

Zur Herstellung der Tinte eignet sich ein älteres Schopftintling-Exemplar. Geben Sie den Pilz in ein Schraubglas und warten Sie, bis er zu Tinte zerfließt. Störende Rückstände können einfach mit einem Sieb herausgefiltert werden. Nun können Sie schon schreiben, zeichnen oder malen – dazu müssen Sie nur eine Feder oder einen Pinsel in die Tinte tauchen! Die Tinte hat einen schönen sepiaschwarzen Ton und ist licht- und dokumentenecht. Falls Sie eine Vogelfeder verwenden möchten, spitzen Sie die Unterseite von einem Federkiel am besten mit einem scharfen Messer schräg nach vorne an.

Zum Stempeln habe ich die Tinte etwas eingekocht und abkühlen lassen, dann mit Gummiarabikum

(Künstlerbedarf) etwas gebunden, sodass sie dickflüssiger wird. Alternativ können Sie auch frisches Baumharz eines Obstbaums verwenden zum Binden (das habe ich aber selbst noch nicht ausprobiert). Nun einfach den Druckstempel in die Farbe tauchen und los geht's!

Mit ein paar Tropfen Nelkenöl wird die Tinte haltbarer, außerdem lagere ich sie im Kühlschrank! Vor der Verwendung die Tinte gut schütteln, da sich die pigmentierten Sporen unten absetzen.

Perlpilz

Der Perlpilz oder Rötende Wulstling *(Amanita rubescens)* ist ein weit verbreiteter guter Speisepilz aus der Familie der Wulstlingsverwandten *(Amanitaceae)*. Er ist häufig in Laub-, Nadel- und Mischwäldern, Parks, Friedhöfen u. ä. Biotopen zu finden und dort auf frischen, neutralen bis sauren Böden. Mit alten Fichten und Buchen bildet der Perlpilz besonders gern eine Symbiose (sogenannte Mykorrhiza).

Der Hut hat meist einen weißlichen, perlfarbenen bis fleischfarbenen Ton und ist gesprenkelt mit Resten der Hülle (= Velumreste), aus der er wie aus einem Ei schlüpft. Die Lamellen sind immer weiß, manchmal etwas rosa befleckt. Der Stiel mit dem gerieften Ring und das feuchtfeste Fleisch zeigen sich immer weiß bis leicht rötlich.

Der Pilz ist giftig, allerdings sind die Giftstoffe hitzelabil, daher sollte der Pilz gut gegart (ca. 15 Minuten) werden. Außerdem empfiehlt es sich, die leicht abziehbare Huthaut und den Ring am Stiel (Teilvelum) zu entfernen. Auch die Maden lieben diesen schmackhaften Pilz, deshalb empfiehlt es sich, bereits im Wald die Pilze zu halbieren und zu putzen. An den Fraßstellen ist der Pilz gut bestimmbar, da er sich dort rötlich verfärbt - einzigartig in der Familie der Wulstlingsverwandten.

BILD oben Schopftintling *(Coprinus comatus)*

BILD Mitte Perlpilz *(Amanita rubescens)*

BILD unten Speise-Morchel *(Morchella esculenta)*

MORCHELN

im Frühlings-Salat

Gut durchgegart wird die Speise-Morchel (Morchella esculenta) *tatsächlich zu jenem delikaten Erlebnis, das den Namen »Delikatesse« zu Recht verdient. Zudem ist sie mit ihrem labyrinthartigen Hütchen in jedem Gericht ein echter Hingucker.*

FÜR 2 PORTIONEN

250 g verschiedene junge Salatblätter (wie Römischer Ampfer, junge Nachtkerzenblätter, Löwenzahnblätter, Gundermann, Veilchen …)
5 Radieschen
300 g frische Speise-Morcheln oder Spitzmorcheln
5 EL Olivenöl
1 EL Butter
1 EL Apfelessig
1 TL mittelscharfer Senf
½ TL Honig oder Birnendicksaft
Bergsalz
frisch gemahlener Pfeffer
essbare Blüten (Gänseblümchen, Löwenzahn, Gundermann …)

1 Die Salatblätter verlesen, evtl. waschen und in mundgerechte Stücke zupfen. Die Radieschen waschen und in feine Scheiben schneiden.

2 Die Morcheln mithilfe eines Pinsels putzen, sehr große Exemplare evtl. halbieren. 1 EL Olivenöl und die Butter in einer Pfanne erhitzen und die Pilze darin gut durchgaren. Wer möchte, kann mit Salz und Pfeffer würzen.

3 Aus den restlichen Zutaten wie Olivenöl, Essig, Senf, Honig, Salz und Pfeffer eine Vinaigrette anrühren.

4 Den Salat, mit den Radieschen, Morcheln auf Tellern anrichten. Mit den Blüten bestreuen und der Salatsoße beträufeln.

SCHOPFTINTLING

Gratin

Frisch geerntet sollte ein Schopftintling (Coprinus comatus) *rasch zubereitet werden, sonst lässt sich aus dem zerfließenden Hut nur noch Tinte herstellen.*

FÜR 2 PORTIONEN

400 g ganz junge Schopftintlinge
50 g Butter
½ TL gehackter Kümmel
Bergsalz
frisch gemahlener Pfeffer
200 g Sahne
50 g frisch geriebener Bergkäse
nach Belieben frische Kräuter

1 Den Backofen auf 250 °C (Umluft) vorheizen.

2 Die Schopftintlinge mit einem Pinsel putzen, dann eventuell halbieren. Eine Auflaufform mit 20 g flüssiger Butter ausstreichen. Die Tintlinge hineinlegen und mit gehacktem Kümmel, Salz und Pfeffer bestreuen. Die Sahne darübergießen. Die restliche Butter in Flöckchen zusammen mit dem geriebenen Käse darauf verteilen.

3 Die Form auf der mittleren Schiene in den Backofen schieben und das Gratin in etwa 20 Minuten goldbraun backen. Wer möchte, bestreut es vor dem Servieren mit frisch gehackter Petersilie.

TIPP In manchen Jahren wächst der Schopftintling schon zeitig im April. Für Schopftintling-Liebhaber gibt es mittlerweile die Pilzbrut im Handel. So kann die Delikatesse auch zu Hause wachsen.

PERLPILZ

Kartoffelpuffer

Perlpilze (Amanita rubescens) *sind keine Anfängerpilze! Sie sollten immer etwas Rötliches am Fruchtkörper haben (zum Beispiel die Fraßstellen, Huthaut oder am Stiel), dadurch lassen sie sich von giftigen Doppelgängern wie zum Beispiel dem Pantherpilz besser unterscheiden.*

FÜR 2 PERSONEN

300 g festkochende Kartoffeln
1 Zwiebel
2 Perlpilze
nach Belieben 1 Ei
etwas Bergsalz
frisch gemahlener Pfeffer
frisch gemahlene Muskatnuss
frische gehackte Kräuter
Öl zum Braten

1 Für die Kartoffelpuffer zunächst die Kartoffeln schälen und sofort in eine Schüssel mit kaltem Wasser legen, damit sie sich nicht dunkel verfärben. Die Zwiebel schälen. Die Pilze putzen, dabei die Huthaut abziehen, und die Pilze in feine Streifen schneiden.

2 Sobald alles geschält ist, die Kartoffeln und die Zwiebel mit einer Küchenreibe möglichst fein in eine Schüssel reiben. Die Kartoffel-Zwiebel-Masse fest auspressen, dabei das Wasser auffangen. Das Wasser kurz stehen lassen, damit sich die Stärke absetzt. Wasser vorsichtig abschütten und die Stärke zur Kartoffelmasse geben.

3 Jetzt die Pilze, das Ei, die Gewürze und Kräuter hinzufügen. Öl in einer Pfanne erhitzen und mit einem Löffel etwas von der Kartoffel-Pilz-Masse hineingeben. Runde, flache Puffer formen und auf beiden Seiten goldbraun-knusprig ausbacken.

4 Achten Sie darauf, dass die Kartoffelpuffer gut durchgebacken sind, da die Pilze roh genossen zu Magen-Darm-Problemen führen!

TIPP Dazu schmeckt Kaviar, etwa von der Forelle, und Crème fraîche.

PERLPILZ

trifft Schopftintling

Der roh giftige Perlpilz hat hitzelabile Giftstoffe, deshalb gut durchgaren, dann ist er ein schmackhafter Speisepilz!

FÜR 2 PORTIONEN

300 g Perlpilze *(Amanita rubescens)* und Schopftintlinge *(Coprinus comatus)*
1 kleine Zwiebel
5 EL Olivenöl oder anderes Pflanzenöl
1 EL Weißweinessig
Bergsalz
frisch gemahlener Pfeffer
3 EL Crème fraîche oder veganer Frischkäse
½ Handvoll frische Kräuter, wie Giersch, Wiesenknopf oder Knoblauchrauke

1 Die Perlpilze und die Schopftintlinge mithilfe eines Pinsels putzen, falls nötig die Stiele entfernen. Die Pilze in mundgerechte Stücke schneiden.

2 Die Zwiebel schälen und in Spalten schneiden. 2 EL Olivenöl in einer heißen Pfanne erhitzen und die Pilzstücke rundherum gut durchbraten. Zwiebeln hinzufügen und gar dünsten.

3 Das restliche Öl mit Essig, Salz und Pfeffer verrühren. Die Petersilie waschen und trocken tupfen, die Blättchen abzupfen und hacken.

4 Die Pilze auf Tellern anrichten, mit der Vinaigrette und etwas Crème fraîche beträufeln und mit der Petersilie bestreut servieren. Gut schmeckt dazu ein knuspriges Weißbrot!

TIPP Perlpilze sind auch bei Maden sehr beliebt, deshalb putze ich sie immer gleich im Wald.

IM SOMMER

Mohn blüht

*Verheißungen bleiben auf der Strecke
im Sommer blüht der Mohn an jeder Ecke
nur das Glück flieht mit den Winden
losgelöst ins Anderswo hinter Gebinden*

*streckenweise entlang an den Gleisen
aufspringend, auf den Waggons reisend
Energien gespart für die letzten Genüsse
hinter dem Horizont erheben sich Küsse*

*die wartend wochenlang längst verblassen
schwindend im Rückblick sich selbst vergaßen
zu hüten ihr leuchtendes Rot für die Liebe
wenn sie ankommt auf Bahnhofs Geschiebe*

*in dem Gedränge zu finden den rechten Mund
der dürstend hoffend soll schimmern gesund
auf allen Erhebungen schauend ins Weite
wird es entsteigen der aufgeschlagenen Seite
wenn es sich verheddert in der falschen Zahl
umsonst geflogen ist zum ersehnten Liebesmahl
der Zug mit dem Glück die Seite nicht erkennt
der Wind entflieht, Mohn an jeder Ecke brennt*

Margit Farwig

LINDENFRUCHT

Essigkapern

Ungefähr zwei Wochen nach der Blüte bilden sich die jungen Früchte, eine wahre Delikatesse. Allerdings muss man wirklich zum richtigen Zeitpunkt am richtigen Baum sein, um das kleine Zeitfenster für die Lindenkapern von der Sommer-Linde (Tilia platyphyllos) *zu erwischen.*

FÜR 1 GROSSES GLAS (CA. 350 ML)

150–200 g Lindenfrüchte
125 ml Kräuteressig
1 TL Salz
1 Prise Zucker
1/8 l Wasser

1 Die Lindenfrüchte waschen und die Stiele nach Belieben entfernen.

2 Den Essig, das Salz und den Zucker im Wasser aufkochen lassen. Die Lindenfrüchte in den Sud geben und 2–3 Minuten köcheln lassen.

3 Die Lindenkapern in das sterilisierte Glas geben, mit dem Sud auffüllen und sofort verschließen.

4 Die Kapern in einem dunklen und kühlen Raum lagern. Servieren Sie die Lindenkapern als Antipasti, in Soßen oder zu Hackfleischbällchen.

TIPP Ende Juni ist es so weit, dann kann man die jungen Früchte der Linde ernten und einen Vorrat anlegen! Übrigens lassen sich aus den zarten Blüten leckere Gemüsegerichte zaubern.

WEISSE BAUMNUSS

im Kräutersalat

Die weißen Walnüsse schmecken nussig mild und nicht bitter, da die gerbstoffreiche Schale entfernt wurde.

FÜR 4 PORTIONEN

200 g zarte Blätter (Ampfer, Wegeriche, Löwenzahn ...)
12 eingelegte weiße Walnüsse und davon 1 EL Sirup (Rezept Seite 22)
1 kleine Schalotte
1 EL Kräuteressig
3 EL Walnussöl
Salz
frisch gemahlener Pfeffer
100 g geräucherte Entenbrustscheiben
3–4 EL Weinbrand-Brombeeren (Rezept Seite 160)

1 Die Blätter der Kräuter verlesen, nach Bedarf waschen, trocken schleudern und in Streifen schneiden.

2 Die weißen Walnüsse in feine Scheibchen schneiden. Die Schalotte schälen und fein würfeln.

3 Aus Schalotte, Essig, Walnussöl, Walnusssirup, Salz und Pfeffer eine Vinaigrette anrühren.

4 Die in Streifen geschnittenen Kräuter und die Walnüsse vorsichtig mit der Vinaigrette vermengen und auf Tellern anrichten.

5 Den Salat mit der Entenbrust und den eingelegten Brombeeren garnieren!

TIPP Die weißen Walnüsse passen sowohl zu cremigen Desserts wie Eis als auch zu deftigen Speisen.

WILDKIRSCHEN

Cupcakes

Wie ihr Name, so ist ihr Geschmack: wild, herb, süß und leicht nach Bittermandel. Wildkirschen ergänzen sich sogar hervorragend mit Schokoladen-Aromen.

FÜR 12 STÜCK

100 g weiße Kuvertüre
200 g Wildkirschen
2 Eier
100 g Zucker
100 g zimmerwarme Butter
200 ml Milch
1 Prise Salz
50 g geschälte gemahlene Mandeln
300 g Mehl
1 Päckchen Backpulver

1 Die Kuvertüre grob hacken und über einem Wasserbad schmelzen.

2 Zum Entsteinen der Wildkirschen eine kleine Flasche nehmen, jeweils eine Kirsche auf die Mündung der Flasche legen und mit einem Essstäbchen den Kern aus der Kirsche heraus in die Flasche drücken.

3 Den Backofen auf 180 °C (Umluft) vorheizen.

4 Eier, Zucker und Butter schaumig rühren. Dann die Milch, Salz und die Mandeln hinzufügen. Das Mehl und Backpulver über die Buttermasse sieben und gut vermengen. Zum Schluss die Kuvertüre unter die Masse heben.

5 Den Teig in gebutterte ofenfeste Tassen, Förmchen oder Papierförmchen füllen. Die Kirschen darauf verteilen und im Ofen ca. 20 Minuten goldbraun backen.

TIPP Von Juni bis Juli können die reifen Wildkirschen geerntet werden. Sie eignen sich auch wunderbar für Konfitüren, Kompott und andere Desserts.

BILD links oben Klatschmohnpflanze mit Samenkapseln

BILD links unten Seitentriebe mit geschlossenen Blütenknospen

BILD rechts oben Klatschmohnfeld

Klatschmohn

Im Sommer sieht man die roten Blüten des Klatschmohns *(Papaver rhoeas)* schon von Weitem leuchten, so kräftig ist seine Blütenfarbe. An manchen Stellen strahlen Tausende der duftlosen Blüten um die Wette. Früher wuchs der Mohn auch viel in Kornfeldern, aber durch die Unkrautbekämpfung ist er dort nahezu verschwunden.

Die Art stammt aus dem wärmeren Mittelmeerraum und drang zusammen mit dem Getreide während der Jungsteinzeit, also irgendwann zwischen 4500 und 3000 vor Christus, nach Norden vor. Wie der Name schon sagt, gehört der Klatschmohn in die Familie der Mohngewächse *(Papaveraceae)*. Den Namen erhielt die Pflanze, da ihre Blüten im Wind aneinanderklatschen. Das Wort »Mohn« kommt vom althochdeutschen mage, das wiederum seinen Ursprung im griechischen Wort »mekon« für Mohn hat. Ein weiterer Name der Pflanze ist Feuermohn; lokal sind auch Namen wie Klatschrose, Blutblume, Wilder Mohn und Paterblume bekannt.

In Deutschland gibt es vier wild wachsende Mohnarten der Gattung *Papaver*. Neben dem weit verbreiteten Klatschmohn sind das der Sandmohn *(Papaver argemone)* und der Saatmohn *(Papaver dubium)* mit den Unterarten Lecoqs Mohn und Verkannter Saatmohn sowie der weißblühende Sendtners Alpenmohn *(Papaver sendtneri)*.

Als typisch krautige Pflanze wird der Klatschmohn 30–100 Zentimeter hoch, er wächst vor allem an Wegrändern, Böschungen und auf Schuttplätzen. Die schmalen Blätter des Klatschmohns sind deutlich gefiedert, grob gesägt und behaart. Der Stängel neigt dazu, im Wind stark zu schwanken.

Für die Aussaat des Klatschmohns im Garten ist der Frühlingsanfang geeignet. Die kleinen Samen sollten Ende März bis Mitte April direkt ins Freiland oder in tiefen Töpfen auf dem Balkon ausgestreut werden. Sie erleichtern sich das Ausstreuen, wenn Sie die Samen mit etwas Sand vermengen.

Wenn Kinder liebevoll Blumensträuße mit dem Klatschmohn schmücken, ist die Enttäuschung meistens groß, weil die hübschen Blütenblätter nach kürzester Zeit abfallen. Aber auch die eiförmigen Fruchtkapseln, in der die Samen heranreifen, zieren jeden Blumenschmuck.

Klatschmohn anwenden

In der Volksheilkunde gilt der Klatschmohn als kleiner Bruder des Schlafmohns *(Papaver somniferum)*, die beruhigende Wirkung der roten Blütenblätter ist sehr mild. Allerdings wird der Klatschmohn heutzutage in der Naturheilkunde nur noch selten verwendet.

Bricht man einen Klatschmohnstängel ab oder ritzt mit dem Fingernagel eine noch unreife Samenkapsel an, tritt ein milchiger, klebriger Saft aus. Dieser Saft ist wie alle Teile der Pflanze leicht giftig, denn er enthält Alkaloide, vor allem Rhoeadin. Der Alkaloidgehalt im Klatschmohn ist allerdings sehr gering – im Unterschied zu seinem rosafarbenen Verwandten, dem Schlafmohn. Aus dessen Milchsaft wird bekanntlich das Opium gewonnen. Weitere Inhaltsstoffe des Klatschmohns sind die Alkaloide Roemerin und Papaverin, außerdem Gerbstoffe, Saponine, Schleimstoffe und Bitterstoffe sowie Farbstoffe wie das Cyanidin bzw. Mecocyanidin.

Die Samen und Blütenblätter selbst enthalten zwar auch geringe Anteile an Alkaloiden, sind aber für gesunde Erwachsene unproblematisch.

Achtung: Kinder und vor allem Kleinkinder und Säuglinge sollten vom Verzehr der Pflanzenteile absehen, da es zu Vergiftungserscheinungen kommen kann wie zu Magen-Darm-Beschwerden, Erbrechen sowie Bauchschmerzen.

Wenn Sie die grünen Blätter probieren möchten, empfiehlt es sich, die Pflanzenteile erst in kleinen Mengen zu testen, um Ihre eigene Verträglichkeit herauszufinden.

Klatschmohn in der Küche

Roh kann man die ersten jungen Rosetten vor der Blüte verwenden, zum Beispiel in Salaten. Sie werden übrigens in Ligurien auf den Gemüsemärkten verkauft. Ihr Geschmack ist ölig-nussig. Die später erscheinenden jungen Seitentriebe und Blätter eignen sich zum Dünsten. Wer mag, kann auch die jungen, noch grünen Fruchtkapseln probieren. Die getrockneten Samen können in einer Gewürzmühle gemahlen und zum Backen verwendet werden. Außerdem kann aus den Klatschmohnsamen ein Öl gewonnen werden.

Die roten Blütenblätter sind eine schöne essbare Dekoration beispielsweise von Desserts, Sie können damit aber auch Limonaden und Sirups rosa färben.

MOHNSAMEN

Schichtdessert

Die getrockneten Samen sollten kühl und dunkel gelagert werden.

FÜR 5 BIS 6 GLÄSER

50 g getrocknete Feigen
2 Datteln
80 ml Kokosöl
Saft von 1½ Zitronen
4 EL frisch gemahlene Klatschmohnsamen
300 g geschälte geriebene Mandeln
1 Glas Wildkirschen (Rezept Seite 22) oder Schattenmorellen (ca. 200 g Abtropfgewicht)
80 g Birkenzucker
200 g Seidentofu
1 Prise Vanillepulver

1 Für den Boden die Feigen und Datteln in einer Küchenmaschine zu einer klebrigen, breiigen Masse zerkleinern. Mit 2 TL Kokosöl, 1 TL Zitronensaft, 1 EL Mohn und ca. einem Drittel der Mandeln vermengen.

2 Die fertige Masse in die Gläser als Boden verteilen.

3 Die Wildkirschen oder Schattenmorellen in einem Sieb abtropfen lassen (den Saft der Kirschen trinken oder anderweitig verwenden).

4 Für die Nusscreme die restlichen Mandeln in eine Schüssel geben. Mit dem restlichen Zitronensaft, Kokosöl und 60 g Birkenzucker verrühren.

5 Seidentofu, Vanillepulver und restlichen Zucker mit einem Stabmixer zu einer glatten Creme verquirlen.

6 Nun nacheinander Kirschen, Nusscreme und Tofucreme in die Gläser füllen und mit etwas Mohn bestreuen. Die Gläser für ca. 3 Stunden im Kühlschrank kalt stellen, dann erst servieren.

KLATSCHMOHN

mit pochiertem Ei

Die leicht behaarten jungen Blattrosetten können schon ab dem Frühjahr gesammelt werden.

FÜR 2 PORTIONEN

500 g mehlig kochende Kartoffeln
150 ml Milch oder Mandelmilch
4 EL Butter
frisch geriebene Muskatnuss
3–4 Handvoll junge Klatschmohn-Blattrosetten, zarte Seitentriebe oder Blätter
1 Schalotte
etwas Olivenöl oder Butter
Bergsalz
frisch gemahlener Pfeffer
2 Eier
1–2 EL Essig

1 Die Kartoffeln schälen, in Stücke schneiden und in Salzwasser zugedeckt 20–25 Minuten kochen, dann abgießen. Milch, 3 EL Butter, etwas Salz und frisch geriebene Muskatnuss aufkochen. Die Kartoffeln fein zerstampfen, die Milchmischung unterrühren und das Püree abschmecken.

2 Die Mohn-Blattrosetten säubern. Die Schalotte schälen und in feine Spalten schneiden. In der restlichen Butter andünsten, die Mohnblätter hinzufügen und mit Salz und Pfeffer abschmecken.

3 In einem tiefen Topf 0,5 l ungesalzenes Wasser und Essig zum Sieden bringen. Die Eier öffnen und in Tassen geben. Die Eier aus den Tassen nacheinander zügig ins Wasser gleiten lassen. Damit ein pochiertes Ei seine Form behält, wird das Eiweiß mit zwei Esslöffeln vorsichtig an das Eigelb gedrückt bzw. über das Eigelb gezogen. Dadurch wird verhindert, dass das Eiweiß zu stark ausfranst.

4 Das Wasser für pochierte Eier darf dabei nicht sprudeln, da sonst das Eiweiß durch die Bewegung zerläuft.

5 Die Eier 2–4 Minuten (je nachdem, welche Konsistenz das Eigelb haben soll) gar ziehen lassen, bis das Eiweiß gestockt ist. Mit einer Schaumkelle jeweils ein pochiertes Ei herausheben und auf dem Mohngemüse mit dem Püree servieren.

BILD oben Spitzwegerich (links), Breitwegerich (rechts)

BILD unten Blühender Spitzwegerich *(Plantago lanceolata)*

Wegeriche – Könige der Wege

Zur Familie der Wegerichgewächse *(Plantaginaceae)* gehören weltweit an die 190 Arten. Bei uns sind vor allem drei Arten bekannt: der Spitzwegerich *(Plantago lanceolata)*, der Breitwegerich *(P. major)* und der Mittlere Wegerich *(P. media)*.

Weitere Namen sind Großer Wegerich, Wegebreit, Wegeblatt, Wegtritt, Wegetrene, Rippenblatt, Saurüssel, Mausöhrle, Arnoglosse, Ackerkraut, Spießkraut, Lungenblattl oder Schlangenzunge.

Die drei bekanntesten Arten

Der **Spitzwegerich** ist eine mehrjährige Staude mit 10–50 Zentimeter Wuchshöhe. Die schmal-lanzettlichen, 10–20 Zentimeter langen Blätter sind schwach behaart und stehen wechselständig in einer bodennahen Rosette. Die 5–7 parallel angeordneten Blattnerven sind deutlich zu sehen, der Blattrand ist glatt. Die beige-braunen Blüten stehen in einer walzförmigen Ähre. Die Staubblätter sind lang und weiß-gelblich. Die kräftige Pfahlwurzel besteht aus vielen Fasern.

Der **Breitwegerich** hat, anders als sein »schmaler Bruder«, dicke, feste Blätter, die rundlich oder eiförmig geformt sind. Die Blätter sind ebenfalls rosettenartig angeordnet und 5–9 Zentimeter groß. Der Breitwegerich blüht von Mai bis Oktober. Der Blütenstand ist aufrecht und länglich ährenartig. Die Blüte hat Staubbeutel und weißliche, ca. 2 Millimeter lange Staubfäden. Der Breitwegerich ist wie der Spitzwegerich ein extremer Tiefwurzler.

Der **Mittlere Wegerich** kommt auf Kalk-Magerwiesen vor. Die haarigen, eiförmigen, kurz gestielten und etwas spitz zulaufenden Blätter sind meist dicht am Boden als anliegende Rosette angeordnet. Die Blütenstängel mit rosa Blüten können 15–40 Zentimeter hoch werden.

Die robusten Wegeriche wachsen gern auf Wiesen und Weiden, an Weg- und Waldrändern, in Parks, Gemüsebeeten oder an Mauern sowie auf Äckern. Sie gelten als Pionierpflanzen. Selbst auf verdichteten Flächen gedeihen sie gut. In den Alpen sind sie bis auf 2200 Meter Höhe zu finden. Sie sind wahrlich die »Könige« der Wege und allesamt essbar.

Wegeriche in der Küche

Die Knospen der Wegeriche werden von April bis Mai gesammelt. Sie können entweder roh geknabbert oder in Butter gedünstet werden. Auch das Einlegen in Essig oder mit Salz wie bei Kapern ist sehr fein als Wintervorrat. Die getrockneten Samen des Breitwegerichs wurden schon im Mittelalter zu Mehl verrieben. Sie werden von August bis Oktober geerntet.

Vorsicht bei Allergien: Wegerichpollen ruft häufig allergischen Schnupfen (Pollinosen) hervor.

Wegeriche in der Naturheilkunde

Alle drei Arten enthalten Schleimstoffe (Polysaccharide), Iridoid-Glykoside, hier besonders das Acubin, Bitterstoffe, Gerbstoffe sowie Polyphenole. Sie sind reich an Vitamin A und Kalzium. Deshalb haben sie in der Naturheilkunde ihren festen Platz.

Als schnelle Naturapotheke können Sie die Blätter des Spitzwegerichs bei kleineren Wunden, Verbrennungen, Prellungen und Insektenstichen äußerlich anwenden. Dazu zerreiben Sie die Blätter und tragen den Saft auf die betroffenen Hautstellen auf.

Aus den Blättern des Spitzwegerichs lässt sich auch ein Tee bereiten. Er hilft gegen Darmbeschwerden und Magenverstimmung. Er wirkt desinfizierend, blutreinigend, adstringierend und hilft daher als Gurgel-Saft besonders bei Hals- und Mandelentzündungen. Das liegt an seinen entzündungshemmenden, antibakteriellen und schleimlösenden Eigenschaften. Ältere Blätter des (Spitz-)Wegerichs, die Sie von April bis September sammeln, eignen sich gut für einen heilkräftigen Hustentee bzw. Sirup. Sie können daraus einen Kaltauszug herstellen, damit sich die Schleimstoffe gut lösen können.

Bekannt ist außerdem die wohltuende Wirkung eines aus Wegerichblättern hergestellten Augenwassers auf ermüdete Augen.

Spitzwegerich-Sirup

~

150 g Spitzwegerichblätter
300 g Honig

~

Die Blätter säubern, klein schneiden und abwechselnd mit dem Honig in ein Glas schichten. Das Glas kühl lagern.
Nach ca. vier Wochen den Sirup durch ein Sieb gießen und in Gläser abfüllen.
Wenn sich eine Erkältung mit Husten ankündigt, können Sie mehrmals täglich einen Teelöffel des Sirups pur im Mund zergehen lassen.

SPITZWEGERICH

Omelett

Am besten ernten Sie die inneren zarten Blätter aus der Rosettenmitte von März bis Mai. Sie schmecken leicht nach Pilzen und eignen sich als Zutat zu Mischsalaten oder Mischgemüse.

FÜR 2 FRÜHSTÜCKS-PORTIONEN

4 Scheiben Speck
1 kleine Handvoll junge Spitzwegerichblätter
4 Eier
1 Prise Salz
frisch gemahlener Pfeffer
2 EL Sahne
20 g Butter

1 Den Speck in Streifen schneiden. Den Spitzwegerich verlesen, evtl.waschen, trocken tupfen und die Blätter in mundgerechte Stücke zupfen oder besser quer zu den Blattnerven in Stücke schneiden.

2 Die Eier in eine Schüssel schlagen. Mit Salz und Pfeffer würzen. Die Sahne dazu geben und alles mit einer Gabel verrühren.

3 Die Butter in eine Pfanne geben und erhitzen, Speck und Spitzwegerich zufügen und kurz anbraten.

4 Die Eiermasse darübergießen und braten. Sobald die Masse anfängt, an der Oberfläche zu stocken, mithilfe eines Schiebers zusammenklappen und heiß servieren.

TIPP Wer möchte, kann noch geriebenen Käse auf die Eiermasse geben!

WEGERICH

Maki-Sushi

Ein Frischpresssaft aus Wegerichblättern wirkt wie eine Frühjahrskur.

FÜR 2 BIS 3 PORTIONEN

200 g Sushireis
2 EL Mirin oder Genmai Su Sauce
1 TL Birkenzucker
1 TL Bergsalz

große junge Breitwegerichblätter
Wasabipaste
ca. 50 g Frischkäse oder Nusskäse
ca. 100 g Streifen von einer Melone (Honigmelone) oder rohem Fisch (wie Lachsforelle)
Schnittlauch, fein geschnitten
Sojasauce und eingelegter Ingwer

1 Den Reis in einem Sieb gründlich mit kaltem Wasser waschen. Mit ca. 250 ml Wasser in einen Topf geben und zum Kochen bringen. Zugedeckt auf kleiner Flamme 10 Minuten quellen lassen, bis er das gesamte Wasser aufgenommen hat. Vom Herd nehmen und zugedeckt 10 Minuten ziehen lassen. Den Reis mit einem Holzspatel vorsichtig wenden und in eine Schüssel füllen.

2 Mit Mirin, Zucker und Salz abschmecken und abkühlen lassen.

3 Die Wegerichblätter kurz in kochendem Wasser blanchieren, kalt abschrecken und mit einem Küchentuch trocken tupfen.

4 Auf einer Sushimatte bis zur Hälfte ausbreiten und mit etwas Käsecreme bestreichen. Den Reis darauf dünn verteilen, dabei einen Streifen von 1 cm bis zum Blätterrand frei lassen. Den Reis in der Mitte mit etwas Wasabipaste bestreichen und darauf Melonenstreifen oder Fischstreifen legen. Vom Körper weg fest aufrollen und dabei die Zutaten mit den Fingern im Inneren halten.

5 Die Rolle mit einem sehr scharfen Messer in mundgerechte Stücke schneiden. Mit Schnittlauch, eingelegtem Ingwer und Sojasauce servieren.

Heidelbeeren – bä(ee)renstarkes Powerfood!

Die heimische Blaubeere oder Heidelbeere *(Vaccinium myrtillus)* gehört zur Familie der Heidekrautgewächse *(Ericaceae)* und gedeiht im Halbschatten meist auf saurem, sandigem Boden in Wald, Heide und an Moorrändern. Weitere Namen sind Mollbeere, Wildbeere, Waldbeere, Bickbeere, Staulbeere, Zeckbeere, Moosbeere, Hällbeere, Heidbeere, Heuwa oder Heubeere.

Heidelbeeren bilden kleine Zwergsträucher mit einer Höhe von maximal 60 Zentimetern. Die Laubblätter der Blaubeere sind eiförmig, vorn etwas spitz und haben einen gezähnten Rand. Die nickenden Blüten erscheinen von April bis Juni, sie wachsen einzeln in Blattachseln. Ab Juli reifen die blauen, wohlschmeckenden Früchte, die ein blaues Fleisch und blauen Saft haben. Ab Spätsommer beginnt die Herbstfärbung des Zwergstrauchs – sein Laub taucht den Waldboden dann in ein tiefes Rot.

Zu verwechseln ist die Blaubeere mit der Rauschbeere *(Vaccinium uliginosum)*. Außen sind die Beeren der Rauschbeere ebenfalls blau, aber ihr Fruchtfleisch und der Saft sind hell. Ein weiteres gutes Unterscheidungsmerkmal ist der kantige grüne Stängel der Heidelbeere.

Verräterisches Naschen im Wald

Als Frischware in den Supermärkten ist fast ausschließlich die nah verwandte Amerikanische oder Kulturheidelbeere *(Vaccinium corymbosum)* erhältlich. Sie hat größere, festere Früchte – bis zu 3 cm –, ist länger lagerfähig und hat helles Fruchtfleisch. Da selbst die Schale der Kulturheidelbeeren nur wenige Farbstoffe (Anthocyane) enthält, färbt sie nicht so stark. Die Anthocyane sind vor allem für die Blaufärbung von Haut, Mund und Zähnen bei den Heidelbeeren verantwortlich – und für ihre gesundheitsförderliche Wirkung. Im Unterschied zur Blaubeere ist das Aroma der Kulturform nicht so kräftig.

Heilwirkung der Heidelbeere

Ihre Heilwirkung ist schon seit dem 12. Jahrhundert bekannt – die heilige Hildegard von Bingen setzte die getrockneten blauen Beeren zum Beispiel gegen leichten Durchfall ein. Die frischen Beeren wirken dagegen leicht abführend.

LINKS Ungewöhnliche Ansicht der Heidelbeer-Blüte – von unten dargestellt!

Die Heidelbeere

Verlockend hängt im Morgentau
die Heidelbeere elfenblau
nach Beerensitte, altem Brauch
verweilt geduldig sie am Strauch
für Tier und Mensch hat sie geblüht
erst weiß, dann rosa sich bemüht
zu werden eine grüne Beere
nahm zu so nach und nach an Schwere
der Nebelschleier hellstes Grau
vermischte sich mit Himmels Blau
nun so zu leuchten wie die Nacht
zu schmecken gleich der Himmelsmacht

Margit Farwig

BILD links oben Waldimpression

BILD links unten Reife Beeren

BILD rechts oben Heidelbeer-Pflanze mit Blattknospen

BILD rechts Mitte Färbende Ernte

BILD rechts unten Heidelbeerblüte

Anthocyane sind sekundäre Pflanzenstoffe, sogenannte Bioflavonoide, die in blauen, violetten, roten oder blauschwarzen Gemüsearten und Früchten vorkommen. Sie wirken antioxidativ, das heißt, sie agieren als Radikalfänger im Körper und haben deshalb antientzündliche Eigenschaften. Zudem schützen sie unsere Zellen vor Alterung, beugen Herz-Kreislauf-Erkrankungen vor und sollen sogar vor Krebs schützen.

Neben den starken sekundären Pflanzenstoffen quillt die Heidelbeere fast über vor Vitaminen wie die Vitamine A, C und E, B-Vitamine sowie das Provitamin Beta-Carotin, außerdem enthalten sie die Mineralstoffe Eisen, Kalzium, Magnesium und Kalium. Das alles stärkt die Immunabwehr, wirkt antibakteriell, antiviral und gegen Pilze und fördert die Wundheilung.

Im Zweiten Weltkrieg wurden Heidelbeerpräparate englischen Piloten verabreicht, um ihre Nachtsicht zu stärken. Heutzutage hilft in diesem Fall die Gemmotherapie – die Tinktur aus den Knospen. Bei der Einnahme soll sie positiv auf die Netzhaut des Auges wirken, den Augeninnendruck senken und die Heilung des Grünen Stars unterstützen.

Die Blätter aller Arten von Blaubeeren dienen in der Naturheilkunde, als Tee verabreicht, zur Senkung des Fettspiegels im Blut und zur Abwehr von Viren. Trinken Sie den Tee aber in Maßen, da die Blätter Arbutin und Hydrochinon enthalten und bei dauerhafter Einnahme (leichte) Vergiftungen auslösen können. Deshalb wird inzwischen von der Verwendung der Blätter abgeraten.

Die mühsame Ernte

In früherer Zeit war für Menschen ohne Grundbesitz und eigene Obstbäume die Blaubeere ein wichtiges Nahrungsmittel als Vitaminquelle, zudem kam sie zum Backen eines Heuwawagga (Heidelbeerdatschi) zum Einsatz.

In manchen Familien wurde auch für den Marktverkauf gepflückt. Dazu kamen Heidelbeer-Kämme zum Einsatz, die bis Anfang des vorigen Jahrhunderts oft ganz aus Holz bestanden. Im Bayerischen Wald wurden die Kämme von den »Holzbitzlern« hergestellt. Hier heißen die Heidelbeeren Schwarzbeeren (Schwoazbear) und der Kamm daher Schwoazbearkampe. Die Holzzinken wurden später durch stabilere Stahlzinken ersetzt. Nach dem Krieg wurden sie verboten, weil dadurch nicht nur zu viel geerntet wurde, sondern auch viele Pflanzen geschädigt wurden. Mittlerweile sind die Kämme aber wieder erhältlich.

Dennoch ist die Verwendung von Hilfsmitteln wie einem Blaubeerkamm speziell in Naturschutzgebieten verboten. Damit sollen sowohl die Bestände der Pflanzen geschützt werden als auch die der Tiere, die sich von den Beeren ernähren.

Heidelbeeren in der Küche

Mit ihrem säuerlich-fruchtigen Aroma bereichern Heidelbeeren süße, aber auch herzhafte Speisen. Beliebte Rezepte gibt es etwa für Konfitüren, Chut-

Anthocyane

Die violette Farbe der Heidelbeeren auf den Händen, Lippen oder Zähnen, welche vom Sammeln und Essen stammt, geht auf die Anthocyane zurück. Sie lässt sich mit etwas Zitronensaft relativ einfach entfernen.

neys, Saft, Wein, Likör, Eis, Milchshakes, Kompott, Muffins, Kuchen, Hefeklöße oder auch für deftige Zubereitungen wie Ketchup oder Senf.

Heidelbeeren eignen sich zudem gut zum Trocknen, um sie dann im Müsli oder Backwerk zu verwenden. Um die Beeren im Backofen oder Dörrautomat zu trocknen, legen Sie sie auf ein Backblech oder feines Gitter und lassen sie bei etwa 40–50 °C (Umluft) trocknen. Die Feuchtigkeit soll entweichen, dazu klemmen Sie einen Kochlöffel in die Ofentür. Wer will, kann die Beeren auch zu Pulver vermahlen.

Färben mit Heidelbeeren

Sie können die stark färbende Wirkung der Blaubeeren zum Färben nutzen:

Batikmuster mit Heidelbeeren: Dazu Stoffe wie Servietten, T-Shirts u. Ä. aus Naturfaser mit einem Beizmittel (mineralische Salze) behandeln, damit der Farbstoff von den Fasern besser aufgenommen wird und um Licht- & Waschechtheit zu verstärken. Dann mit Schnüren Abschnitte abbinden. Heidelbeeren in einem Topf zerstampfen, mit Wasser auffüllen und ungefähr 30 Minuten köcheln lassen. Die Textilien einlegen und mindestens 6 Stunden im Sud färben. Nach dem Färbevorgang mit Essigwasser kurz durchwaschen und trocknen lassen.

Ostereier mit Heidelbeeren färben: Heidelbeeren schaffen einen blauen Farbtupfer auf Ihrer Ostertafel. Die Eier waschen und mit Essig einreiben. Zerdrückte Heidelbeeren gut mit Wasser bedecken und aufkochen. Die Eier hinzufügen und ca. 9–10 Minuten kochen lassen. Je mehr Heidelbeeren, desto intensiver die Farbe. Oder alternativ einfach gekochte Eier in zerdrückten Heidelbeeren wälzen!

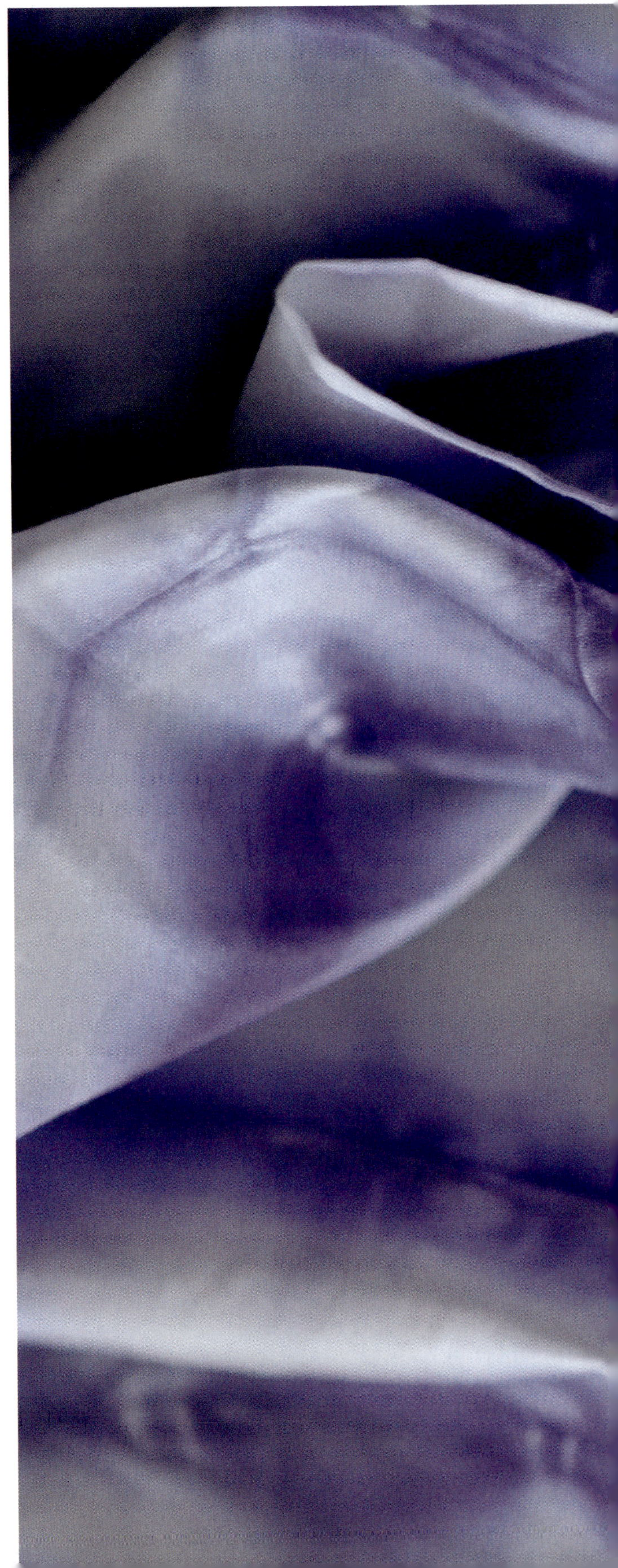

BILD Mit Heidelbeeren gebatikter Stoff – geeignet sind alle Stoffe aus Naturfaser.

HEIDELBEER

Pancakes

Die auffallend blaue Farbe lässt es schon vermuten: Die Heidelbeere (Vaccinium myrtillus) *steckt voller Anthocyane für gesunde Blutgefäße!*

FÜR CA. 16 STÜCK

300 g Heidelbeeren
250 g Ricotta
60 ml Ahornsirup oder Birnendicksaft
3 Eier, getrennt
1 Prise Salz
1 EL Backpulver
100 g Mehl
1 TL abgeriebene Schale von einer Bio-Zitrone
Butter zum Ausbacken
Puderzucker

1 Die Heidelbeeren verlesen und bei Bedarf waschen.

2 Den Ricotta mit den Eigelben und dem Ahornsirup oder Birnendicksaft cremig aufschlagen. Die Eiweiße mit Salz steif schlagen.

3 Das Backpulver und Mehl sieben, mit der Zitronenschale unter den Ricotta rühren und das Eiweiß vorsichtig unterheben.

4 In einer heißen Pfanne etwas Butter schmelzen und Pfannkuchen ausbacken. Dazu eine kleine Kelle Teig darin verteilen und mit 1-2 EL Heidelbeeren bestreuen. Dann wenden und von beiden Seiten goldgelb bräunen. Das Ganze wiederholen, bis der Teig verbraucht ist. In der Zwischenzeit die fertigen Pfannküchlein im Backofen bei 60 °C warm halten.

5 Mit Puderzucker bestreut servieren!

TIPP Mit Schlagsahne und/oder Eis servieren!

BILD links oben Gemeiner Steinpilz *(Boletus edulis)*

BILD links unten Butterpilz *(Suillus luteus)*

BILD rechts oben Gemeiner Birkenpilz *(Leccinum scabrum)*

BILD rechts Mitte Rotkappe *(Leccinum versipelle)*

BILD rechts unten Maronenröhrling *(Xerocomus badius)*

Röhrlinge oder Röhrenpilze

Zu den Röhrlingen gehören beliebte Speisepilze, wie etwa Steinpilze, Maronenröhrling, Rotfußröhrlinge, Rotkappen & Birkenpilze (Raufußröhrlinge), Butterröhrlinge (Schmierröhrlinge)und viele mehr. Sie zählen alle zur Familie der Dickröhrlingsverwandten *(Boletaceae)*. Als Röhrlinge werden Pilzarten bezeichnet, die auf der Hutunterseite statt der Lamellen eine Röhrenschicht haben. Diese wird auch oft als Schwamm bezeichnet. Deshalb der Name »Schwammerl«. Form, Farbe und Größe der Röhren können sehr unterschiedlich sein.

Die Röhrlinge gelten für Speisepilzsammler in Europa als relativ sichere, für Anfänger geeignete Pilze, weil es darunter nur wenige giftige Arten gibt, etwa den Satansröhrling.

Röhrlinge sind oft roh unbekömmlich und können Magen-Darm-Beschwerden auslösen, deshalb gut garen. Eine Ausnahme bilden die Steinpilze.

Manche Röhrlinge verfärben sich beim Anschnitt oder bei einer Verletzung, die Farbe kann von Rot über Rosa bis Blau und Schwarz reichen. Das sagt aber nichts über Geschmack oder Giftigkeit aus.

Schmierröhrling

Dazu gehören der Butterpilz *(Suillus luteus)* oder der Goldröhrling *(Suillus grevillei)*. Wie der Name verrät, ist die Huthaut dieser Pilze oft schmierig.

Junge Butterpilze sind schmackhafte Speisepilze, aber nicht für sensible Mägen geeignet. Auf diese Menschen wirken sie meist abführend und sollten daher nicht in großen Mengen verzehrt werden.

Raufußrörlinge

Alle Rotkappen gehören zu den Raufußröhrlingen, sind gute Einsteigerpilze und beliebte Speisepilze. Beispiel ist die Eichen-Rotkappe *(Leccinum aurantiacum)*. Sie war 1994 Pilz des Jahres und wird auch Rotkäppchen des Waldes genannt.

Durch ihre kräftig rote Hutfarbe sind sie leicht zu erkennen. Am Stiel sind je nach Art helle bis schwärzliche Flocken. In diese Gruppe gehören auch Birkenpilze. Es gibt in dieser Gattung keine giftigen Arten.

Die Saison ist eröffnet – Pilz für Pilz

Gar lieblich und so ahnungslos
ging mit vergnügten Sinnen ich
ein Beutel und ein Messer bloß
wozu, sie heimlich fragten sich

schon bald traf bloßen Auges mich
ein braunes Etwas wie bestellt
und flüsterte, bin da für dich
greif zu, es ist doch deine Welt

angewurzelt blieb ich stehen
konnte kaum mein Glück begreifen
noch mehr Pilze durft ich sehen
mit zwei Händen danach greifen

Steinpilz, Birkenpilz, Maronen
lud feierlich ins Herze ein
wollt sich in der Pfanne lohnen
nun geht's hinein, hinein, hinein

Margit Farwig

STEINPILZ
Carpaccio

*Der Steinpilz (*Boletus *spec.) wird auch Herrenpilz oder Edelpilz genannt.*

FÜR 4 PORTIONEN

300 g Steinpilze
4 EL Olivenöl
Bergsalz
frisch gemahlener Pfeffer
Saft von ½ Zitrone
50 g Parmesan
ein paar Raukeblätter und -blüten

1 Die Steinpilze mit einem Pinsel putzen und in sehr dünne Scheiben schneiden (alternativ hobeln). Die Pilze auf vier Tellern anrichten.

2 Aus Olivenöl, Salz, Pfeffer und Zitronensaft eine Vinaigrette zubereiten und über die Pilze träufeln.

3 Den Parmesan fein über die Pilze hobeln. Das Carpaccio mit den frisch gewaschenen Raukeblättern und -blüten bestreuen und servieren.

Variante

FÜR 4 PORTIONEN

50 g hauchdünne, gut durchwachsene Speckscheiben oder roher Schinken
300 g frische junge Steinpilze
4 EL Walnussöl
etwas Bergsalz
frisch gemahlener Pfeffer
Saft von ½ Zitrone
50 g Bergkäse
ein paar Salatblätter und Wildkräuter (wie Eichblattsalat, kriechender Günzel ...)

1 Die Speckscheiben auf vier flache Teller verteilen.

2 Steinpilze mit einem Pinsel oder Tuch putzen und in sehr dünne Scheiben schneiden oder hobeln. Pilze auf dem Speck schön drapieren.

3 Aus dem Walnussöl, Salz, Pfeffer und dem Zitronensaft eine Vinaigrette zubereiten und über die Pilze träufeln. Den Bergkäse fein über das Carpaccio raspeln. Mit frisch gewaschenen Salatblättern oder Wildkräutern servieren.

4 Wer möchte kann noch gehackte Walnüsse darübergeben und frisches Brot dazu reichen.

ROTKAPPEN

Piccata

*Mit ihrem ziegelroten feinfilzigen Hut, der beim jungen Pilz drall und kugelförmig ist und sich beim Anschnitt dunkel verfärbt, ist die Rotkappe (*Leccinum *spec.) für Sammler relativ gut zu identifizieren.*

FÜR 2 PORTIONEN

200 g junge Rotkappen
1 Ei
30 g geriebener Bergkäse
2 EL Sahne
1 kleine Salatgurke
½ Avocado
½ Handvoll Wildkräuter (Vogelmiere, Schafgarbe, Gundermann …)
8 EL Olivenöl
1 EL Kräuteressig
Bergsalz
frisch gemahlener Pfeffer

1 Die Rotkappen putzen und in dünne Scheiben schneiden. Kleine Pilze halbieren.

2 Ei, Bergkäse und Sahne verrühren, die Pilze darin wenden.

3 Die Gurke und die Avocado schälen und in mundgerechte Stücke schneiden, auf einer Platte oder auf zwei Tellern verteilen.

4 Die Wildkräuter verlesen, evtl. waschen und trocken tupfen. Die Blättchen in ein hohes Gefäß geben, mit 4 EL Olivenöl, Essig, Salz und Pfeffer pürieren. Die Kräutersoße über die Gurken- und Avocadostücke träufeln.

5 In einer heißen Pfanne das restliche Öl erhitzen und die Pilze rundherum gut goldbraun braten. Die Pilze auf dem Salat anrichten und mit frischem Pfeffer würzen. Wer möchte, kann noch ein paar frische Kräuterblättchen darüberstreuen.

BILD links oben Ährenartige Blütenköpfe des Großen Wiesenknopfes *(Sanguisorba officinalis)*

BILD links unten Kleiner Wiesenknopf *(Sanguisorba minor)*

BILD rechts oben Großer Wiesenknopf mit Ameise

Großer Wiesenknopf

Die Gattung Wiesenknöpfe *(Sanguisorba)* gehört zur Familie der Rosengewächse *(Rosaceae)* und zählt etwa 30 Arten, von denen der Große *(Sanguisorba officinalis)* und der Kleine Wiesenknopf *(Sanguisorba minor)* wohl am bekanntesten sind. Der Große Wiesenknopf bevorzugt feuchte bis nasse Wiesen. Die Verbreitung der intensiven Landwirtschaft hat jedoch zur Folge, dass es immer weniger extensive, also schonend und gering genutzte Wiesenflächen gibt. Die Entwässerung und Beweidung macht es krautigen Pflanzen wie dem Großen Wiesenknopf schwer, sich zu verbreiten. Nicht ohne Grund steht die Pflanze in Deutschland deshalb bereits auf der Vorwarnliste der Roten Liste für gefährdete Arten.

Merkmale des Großen Wiesenknopfes

Der große Wiesenknopf ist eine sogenannte Halbrosettenstaude. Das heißt, dass sie im ersten Jahr eine grundständige Blattrosette ausbildet und im zweiten Jahr aus der Blattrosette einen langen, beblätterten Blütenstängel schiebt. Abhängig von den Standortbedingungen erreicht die mehrjährige und winterharte Pflanze eine Wuchshöhe zwischen

60 und 100 Zentimetern. Die robusten Wurzeln des Krauts haben eine dunkelbraune bis rostähnliche Farbe und können tief in den Boden reichen. Die Blätter des Großen Wiesenknopfs sind meist von hell- bis sattgrüner Farbe und unpaarig gefiedert. Die Blattunterseite erscheint häufig blaugrün. Der Rand der einzelnen Fiederblättchen ist deutlich gesägt und oft etwas rötlich überlaufen. Die Blätter selbst stehen sich wechselständig gegenüber. Weder sie noch die meist rötlich überlaufenen Stängel sind behaart.

Zur Blütezeit, die in der Regel von Mitte Mai bis August dauert, bildet der Große Wiesenknopf herrliche weinrote bis dunkel purpurbraune Blüten aus. Die eiförmigen, knopf- bis ährenartigen Blütenköpfe enthalten bis zu 40 Einzelblüten, meist zwischen 2 und 6 cm lang. Im Volksmund heißt der Große Wiesenknopf wegen seiner bürstenartig hervorstehenden Staubfäden auch »Herrgottsbärtchen« oder »Ziegenbärtchen«. Die Samen reifen von Juli bis September. Es sind kleine, hell- bis dunkelbraune Nüsschen, die etwas schrumpelig aussehen.

Nahrung für Schmetterlinge

Schmetterlingsarten wie der Dunkle *(Phengarius nausithous)* und der Helle Wiesenknopf-Ameisenbläuling *(Phengarius teleius)* haben gemeinsam, dass sich ihre Raupen im frühen Entwicklungsstadium ausschließlich von den Blüten des Großen Wiesenknopfs ernähren. Das Weibchen legt seine Eier an die bald aufblühenden »Knöpfe«. Da die Eier einzeln an den Blüten abgelegt werden, braucht es viele Blumen für die Fortpflanzung der Schmetterlinge. Sobald die Raupe geschlüpft ist, frisst sie einen Gang in den Blütenkopf, den sie mit Seide ausspinnt, um ihn zusammenzuhalten.

Im Herbst ziehen die Raupen dann um – in Ameisennester. Dazu lassen sie sich fallen und sondern eine intensiv nach Honig duftende Flüssigkeit ab – unwiderstehlich für Ameisen. Die schleppen die Larve als vermeintlich nie versiegende Honigquelle in ihren Bau und pflegen sie wie ihre eigene Brut. Die Raupe indes ernährt sich räuberisch von Ameiseneiern und -larven; etwa 600 davon wird sie in den nächsten Monaten verspeisen. Sie überwintert im warmen Ameisenbau und verpuppt sich dort im Frühjahr.

Kritischer Punkt ist das Schlüpfen im Juli, denn sobald der Schmetterling ein Schmetterling ist, funktioniert seine Tarnung nicht mehr und die Ameisen betrachten ihn als Beute. Der Wiesenknopf-Ameisenbläuling verlässt schnellstens das Nest und sucht sich als erstes eine Feuchtwiese. Natürlich nicht irgendeine, sondern eine, auf der ausreichend Großer Wiesenknopf wächst.

Der Große Wiesenknopf im Garten

Der Große Wiesenknopf stellt einige Ansprüche an Standort, Boden und Pflege, die jedoch nicht unlösbar sind. Er bevorzugt einen sonnigen bis halbschattigen Standort auf eher feuchtem Boden. Da die Pflanze in der freien Natur besonders gut auf Feuchtwiesen gedeiht, sollten für die Kultivierung sandige und leichte Böden sowie das Austrocknen des Bodens vermieden werden. Optimal sind Gartenböden, die leicht kalkhaltig und feucht sind, aber keine Staunässe aufweisen.

Die Aussaat des Großen Wiesenknopfs im Freiland sollte zwischen Ende Februar und Anfang April erfolgen. Da die Samen Licht zum Keimen benötigen (Lichtkeimer), sollten diese nicht mehr als 1 cm tief in den Boden gedrückt werden.

Auch die Kultivierung auf dem Balkon ist möglich, sollte aber in großen, breiteren Töpfen geschehen, denn die Wurzeln bilden mitunter recht stattliche Ausläufer.

Der Große Wiesenknopf – ein altes Heilkraut

Der blutstillenden Gerbsäure verdankt das Kraut seinen wissenschaftlichen Namen. »Sanguisorba« kommt vom lateinischen »sanguis« für Blut sowie von »sorbere« = absorbieren, aufsaugen. Das Kraut wurde verwendet, um äußere und innere Blutungen zu stillen. Aus diesem Grund tranken Soldaten früher einen Tee aus dem Kraut, bevor sie in die Schlacht zogen – in der Hoffnung, dass die Wunden, die sie eventuell bekamen, weniger schwerwiegend sein würden.

In der Naturheilkunde wird die Pflanze als sanftes Mittel zur Wundheilung sowie für die Behandlung von Schleimhautentzündungen im Mund- und Rachenraum, von Magen-Darm-Entzündungen, Menstruationsbeschwerden etc. verwendet. Genutzt wird das blühende Kraut als Presssaft oder Tee. Ein Auszug mit Rotwein, gekocht aus den Wurzeln, wurde als Kur zum Schwitzen genossen. Das Kraut wirkt außerdem entzündungshemmend, harntreibend, antioxidativ und hat eine adstringierende Wirkung.

Heutzutage wird das Kraut verwendet zur Blutreinigung sowie zur Ausleitung von Giftstoffen.

Durch die enthaltenen Gerbstoffe schmeckt das Kraut zudem leicht bitter. Weitere Inhaltsstoffe sind Flavone, Steroide, Triterpene und Vitamin C.

Die Samen sind ölhaltig und enthalten Linol- und Linolensäure, die Wurzeln Sanguisorbine, die zu den Triterpenen gehören.

Das frische Aroma der Stängel und Blätter des Wiesenknopfs ähnelt im Geschmack einer Salatgurke. Die jungen Blätter eignen sich vorzüglich zum Beispiel für Wildkräutersalate, Quarkcreme, Suppen, Saucen oder Omelett.

Für einen Teeaufguss ca. 3 g klein geschnittene Wiesenknopfwurzel pro Tasse heiß überbrühen. Oder setzen Sie die Wurzelstücke mit kaltem Wasser an und lassen Sie das Ganze ca. 10 Stunden kalt ausziehen. Bis zu 3-mal täglich trinken.

Kleiner Wiesenknopf

Der kleine Bruder des Großen Wiesenknopfs, der Kleine Wiesenknopf, wird auch Pimpinelle genannt. Er bevorzugt trockene Lebensräume wie zum Beispiel Magerrasen, Böschungen oder Wege. Von Mai bis August erscheinen die grünlichen, rötlich überhauchten Blütenköpfe. Die unteren Blüten sind männlich, die oberen weiblich, in der Mitte befinden sich zwittrige Blüten sowohl mit Staubbeuteln als auch Griffeln.

Der Geschmack der Blätter ist würzig scharf, deshalb wurde die Pflanze früher häufig in Gärten angebaut. Heute noch ist die Pimpinelle Bestandteil der berühmten Frankfurter Grünen Soße.

Reizker

Die Reizker gehören zur Gattung der Milchlinge *(Lactarius)*. Ihren Namen haben sie je nach Art von der weißlichen bis rötlichen Milch, die sie bei Verletzungen absondern. Alle Reizker mit orangefarbener bis roter Milch sind gute Speisepilze. Dazu zählen der Echte oder Edelreizker *(Lactarius deliciosus)* und der Fichtenreizker *(Lactarius deterrimus)*. Wenn die Reizker noch jung sind, ist der Hut leicht gewölbt mit einer Vertiefung. Werden sie älter, nimmt der Hut eine trichterartige Form an. Reizker findet man von Juli/August bis Anfang November besonders in Nadelwäldern. Die Reizker enthalten Lektine mit stark agglutinierender Wirkung, das heißt, dass sich die Blutkörperchen zusammenballen. Die Lektine sind allerdings nicht hitzestabil. Deshalb sollten die Pilze möglichst schnell zubereitet und immer gut durchgegart verzehrt werden.

BILD ganz oben Reizker

BILD links Korb vergessen, kein Problem! So kann man auch Pilze sammeln!

BILD oben Orangefarbene Milch beim Anschnitt eines Reizkers

WIESENKNOPF

mit Reizker

Weitere lokale Namen des Großen Wiesenknopfs (Sanguisorba officinalis) *sind Blutströpfchen, Blutsknopf, Kölbelskraut oder Sperberkraut.*

FÜR 2 BIS 4 PERSONEN

400 g Reizker
3 EL Olivenöl
1 Zwiebel
½ Knoblauchzehe
3 EL Weinessig
Bergsalz
frisch gemahlener Pfeffer
etwas Honig
1 Handvoll Wiesenknopfblätter

1 Die Pilze putzen, kleine halbieren und große in Scheiben schneiden.

2 1 Esslöffel Olivenöl in einer Pfanne erhitzen und die Pilze darin gar dünsten.

3 Die Zwiebel schälen und in feine Würfel schneiden. Die Salatschüssel mit der Knoblauchzehe ausreiben.

4 Zwiebelwürfel, 2 EL Olivenöl, Essig, Salz, Pfeffer und Honig gut verrühren.

5 Den Wiesenknopf verlesen, evtl. waschen, trocken tupfen und die Blättchen von den groben Stielen abstreifen.

6 Die Pilze mit der Vinaigrette gut vermischen und die Wiesenknopfblättchen darüber streuen.

TIPP Der Kleine Wiesenknopf *(Sanguisorba minor)* ist auch als Pimpernelle oder Pimpinelle bekannt und wird oft auf Wochenmärkten angeboten.

REIZKER
ausgebacken

Reizker findet man von Juli/August bis Anfang November besonders in Nadelwäldern. Die Reizker sollten möglichst schnell zubereitet und verzehrt werden.

FÜR 2 PORTIONEN

500 g Reizker
150 g Mehl
¼ l helles Bier
2 Eier
Bergsalz
Pflanzenöl zum Frittieren

1 Die Pilze mit einem Pinsel putzen, schadhafte Stellen entfernen.

2 Das Mehl in eine Schüssel sieben. Das Bier mit dem Schneebesen unterrühren, bis der Teig glatt wird. Die Eier trennen und das Eigelb unter den Bierteig rühren.

3 Das Eiweiß mit einer Prise Salz steif schlagen und mit dem Schneebesen vorsichtig unter den Bierteig heben. Dabei nicht zu stark rühren, weil der Schaum sonst zusammenfällt. Der Bierteig sollte eine luftige Konsistenz haben.

4 Das Pflanzenöl auf 175 °C aufheizen. Die Reizker durch den Bierteig ziehen und am besten mit einer Gabel in das heiße Öl geben. Während des Ausbackens die Pilze wenden, der Teigmantel soll goldgelb sein.

5 Die Pilze aus der Pfanne nehmen und auf einem Küchenpapier abtropfen lassen. Die gebackenen Reizker nach Belieben salzen und heiß servieren.

Wacholderstrauch

Wacholderstrauch
schwankt
Willen gebrochen mit

Verlust bringt Befremdung
in Silhouette am Abendhimmel
für immer

Äste aus feinsten Nadeln
vibrieren geschickt
suchen Gleichgewicht

Balanceakt
bewahrt vor Zerstörung
gewachsener Anmut

Margit Farwig

KORNELKIRSCHEN

»Falsche Oliven« & Chutney

Wenn die Kornelkirschen (Cornus mas) *noch nicht ganz reif sind, am besten noch grün, evtl. leicht hellrot, lassen sich sogar falsche Oliven daraus herstellen. Dafür entfällt das mühsame Entsteinen.*

FÜR 3 GLÄSER (À CA. 200 ML)

150 g Bergsalz
500 g unreife Kornelkirschen

ZUM VERFEINERN

Olivenöl zum Aufgießen
Kräuter, Gewürze bzw. Saaten wie Thymian, Dost, Lorbeerblätter, Koriander, Fenchel, Knoblauchraukensaat

1 Einen Liter Wasser mit dem Salz in einen Topf geben und aufkochen, bis sich das Salz aufgelöst hat.

2 Die Kornelkirschen waschen, in ein hohes Gefäß geben und mit der kochend heißen Lake übergießen. Möglichst mit einem kleinen Teller oder Einweckstein beschweren. Die Kornelkirschen in der Salzlake an einem kühlen Ort mindestens 2–3 Wochen ziehen lassen.

3 Nach den 14 Tagen die Kornel-Oliven durch ein Sieb abgießen, mit kaltem Wasser abspülen und gut abtropfen lassen.

4 Die Kornelkirschen abwechselnd mit den Kräutern und Gewürzen in kleine Gläser einlegen und dann mit Olivenöl auffüllen. Das Öl muss mindestens 1 cm über den Kornel-Oliven stehen. Die falschen Oliven nun ein paar Wochen dunkel und kühl ziehen lassen wie echte Oliven.

5 Nach dem Anbrechen der Gläser die »Oliven« im Kühlschrank aufbewahren.

TIPP Aus den Kornelkirschen lässt sich auch ein delikates Chutney bereiten. Das Rezept dazu steht auf Seite 118.

Die robuste Kornelkirsche

Der Kornelkirschenbaum - mittlerweile als Ziergehölz bezeichnet - war früher ein wichtiger Lieferant für den Menschen. Alles wurde genutzt: Blüten, Blätter, Rinde, vor allem aber das Holz und die Früchte.

Die in Mitteleuropa heimische Kornelkirsche *(Cornus mas)* gehört zu den Hartriegelgewächsen *(Cornaceae)*. Als wärmeliebender und frostharter Strauch oder Baum ziert sie meist angepflanzt Gärten und Parks. Sie wächst in der Ebene bis ins Hügelland an sommerwarmen Waldrändern und in lichten Laubmischwäldern. Bei guten Bedingungen kann der Baum weitaus älter als 100 Jahre werden.

Der derzeit größte bekannte Kornelkirschenbaum mit einem Stammumfang von über 280 cm ist die Sigrid-Dirndl im österreichischen Mostviertel in der Gemeinde Michelbach. In Deutschland stehen in Nürnberg und Bamberg die stärksten Kornelkirschbäume, die vermutlich über 200 Jahre alt sind.

Die Kornelkirsche hat in den verschiedenen Regionen ihres Vorkommens unzählige Bezeichnungen, darunter Corneole, Dürlitze, Erlizbaum, Herlitze, Hirlnuss, Kornelle, Krakebeere, Knüten, Terne, Ziserle, in Bayern und Österreich auch Dirndl, Dirndling, Dirndlstrauch, in der Deutschschweiz Tierlibaum.

»Gelber Hartriegel« ist eine weitere Bezeichnung für die Pflanze - gelb wegen der Blüten, nicht wegen der Rinde. Die Wuchshöhe beträgt im Alter von 25 Jahren gut 4 m, mit 50 Jahren erreicht sie ungefähr 8 m. Die anfangs gelbgraue Rinde ist oft mit Flechten bewachsen und bildet später eine dünne, schuppig abblätternde Borke. Die Wurzeln der Kornelkirsche dringen tief in den Boden ein, bilden aber auch oberflächlich ein intensives Wurzelsystem, welches allerdings durch Überschwemmung, Bodenverdichtung oder Salz leicht geschädigt werden kann. Die jungen Triebe sind grünlich behaart, später kahl. Die Blätter sind eiförmig-elliptisch, spitz, 4–10 cm lang, oben glänzend, mit 3–5 Nervenpaaren. Im Herbst färben sie sich gelb, manchmal auch orange, können aber in manchen Jahren bis zum Laubfall grün bleiben.

Bienenfreundlicher Frühblüher

Sehr auffällig ist der Strauch im zeitigen Frühjahr, wenn er noch vor dem Laubaustrieb mit Tausenden von kleinen, nektar- und pollenreichen gelben Blüten übersät ist. Die einzelnen Blüten aus 4 Kelchzipfeln, 4 freien Kronblättern und Staubgefäßen sind in kleinen Trugdolden angeordnet und geben einen schwachen Honigduft ab. Sie erscheinen von Februar bis April am alten Holz. Die Blütenknospen werden schon im Herbst angelegt, deshalb gibt es zwei verschiedene Winterknospen: die länglichen Blattknospen und die kugelig geformten zukünftigen Blütenstände. Als Vorfrühlingsblüher ist die Kornelkirsche eine besonders wichtige Bienen-, Fliegen- und Käfer-Nährpflanze.

Die Früchte der Kornelkirsche

Aus den Blüten entwickeln sich längliche, hängende Steinfrüchte, die anfangs gelb sind und über Knallrot bis Dunkelrot oder sogar Schwarz reifen. Die Früchte haben im vollreifen Zustand einen leicht adstringierenden, säuerlich-fruchtigen Geschmack.

Die Früchte der Kornelkirsche stellen im Herbst eine begehrte Nahrung für Singvögel wie Kernbeißer, Dompfaff, Kleiber und Eichelhäher sowie für Säugetiere wie Haselmaus und Siebenschläfer dar. Durch die Tiere werden die Kerne verbreitet.

Jede Frucht enthält zwei Kerne. Sie brauchen im natürlichen Habitat ein bis zwei Jahre, bis sie keimen, meist gelingt es erst im dritten Jahr. Kornelkirschensträucher eignen sich gut als Vogelschutzgehölz für Hecken, allerdings treiben sie sehr stark aus und müssen regelmäßig geschnitten werden.

Ernte leicht gemacht

Die Früchte reifen von August bis September. Durch Schütteln des Stamms oder indem man mit einer Stange gegen die Äste schlägt, lassen sich die reifen Früchte ernten. Um das Aufsammeln zu vereinfachen, sollten vorher Tücher unter dem Baum ausgebreitet werden. Achtung, nach Berührung mit den Blättern können Reizerscheinungen an der Haut (Rötung und Juckreiz) auftreten. Verantwortlich hierfür scheinen winzige Pflanzenhaare (Trichome) auf den Blättern zu sein.

Verwendung früher ...

Der wissenschaftliche Name der Kornelkirsche bezieht sich auf das harte Holz des Strauches: lat. cornu = hart wie Horn, der Artname »mas« bedeutet männlich. Zusammengesetzt lässt sich Cornus mas mit »männlicher Hornstrauch« übersetzen. Das Holz ist feinfaserig und elastisch mit rötlich weißem Splint und dunklem Kern. Aufgrund seiner hohen Rohdichte geht das Holz im Wasser unter.

Nachweislich wurde in Deutschland die Kornelkirsche schon seit Beginn des Mittelalters in vielen Klostergärten angepflanzt und für zahlreiche Zwecke verwendet.

Aus dem Holz wurden lange Zeit Speere, Lanzen und Bögen gefertigt. Später diente es vor allem in der Drechslerei und Wagnerei zur Herstellung von Werkzeugen, Radspeichen, Schusternägeln, Messergriffen, Hammerstielen für die Bildhauerei (sogenannte Klüpfeln), Wander- bzw. Spazierstöcken, Schreibutensilien, Kämmen sowie für Zahnräder in Mühlwerken. In Frankreich werden aus dem Holz heute noch Holz-Kochlöffel produziert.

BILD oben Blüten der Kornelkirsche

BILD unten Kornelkirschen-Blattform *(Cornus mas)*

Die Borke wurde im Mittelalter zum Gerben verwendet, da sie einen Lohegehalt (Tannine) von 7–16 Prozent hat. Zudem soll die Rinde mit Alaun und Pottaschenlauge eine braune Lackfarbe ergeben.

In der Türkei sollen früher mithilfe der roten Kornellen die Feze – die traditionelle türkische Kopfbedeckung – rot gefärbt worden sein.

Hildegard von Bingen hatte der Heilkraft der Kornelkirsche im 12. Jahrhundert in ihrem medizinischen Werk »Physica« ein eigenes Kapitel gewidmet, dort »Erlizbaum« genannt. Sie empfahl ein Bad aus Rinde, Holz und Blättern gegen die Gicht sowie die »Kirsche« bei Magen- und Darmentzündung.

Die Steinkerne wurden früher als Kaffee-Ersatz geröstet und vermahlen, dabei entwickelt sich ein vanilleartiges Aroma.

… und heute

Im niederösterreichischen Pielachtal zählt die Dirndl seit Generationen in der Landwirtschaft zu einem wichtigen Standbein. Früher wurde hauptsächlich das harte Holz der Dirndlsträucher verwendet, heute werden vor allem die Früchte zu Konfitüren, Saft und Edelobstbränden verarbeitet. Bekannt sind beispielsweise der österreichische »Dirndl-Schnaps« (100 kg Kornelkirschenmaische ergeben ca. 5 l Edelbrand!) sowie der russische Likör »Dernovka«.

Kornellen enthalten Pektin, verschiedene Zucker wie Trauben- und Fruchtzucker, Anthocyane, Gerbstoffe, die Vitamine B, C und E sowie Flavonoide.

Wer an Durchfall leidet, kann von der Heilwirkung des Gelben Hartriegels profitieren. Der heilkräftige Tee ist einfach zubereitet. Dazu gießen Sie 1 TL frische oder getrocknete zerkleinerte Rinde, Knospen, Blüten oder junge Blätter mit 1 Tasse kochendem Wasser auf. Nach 10 Minuten abseihen und den Tee in kleinen Schlucken trinken.

Die Kornellen schmecken süß-sauer eingelegt bzw. als Konfitüre eingemacht zu Wildgerichten, Pfannkuchen und vielem mehr. Auch zum Kandieren, zu Kompott, für Sirup, Limonaden, Gelee, Chutneys, Fruchtleder, Kuchen und Crumble sind die Früchte geeignet. In getrocknetem Zustand sind die Kornelkirschen lange haltbar. Um sie derart aufbewahren zu können, müssen sie jedoch erst entsteint werden. Dazu eignet sich zum Beispiel ein Thermomix: Die gewaschenen Kornelkirschen für 30 Sekunden bei Stufe 4 vermixen. Dann die Kerne und das Fruchtfleisch wie in einer Zentrifuge voneinander trennen. Höher sollte der Thermomix nicht geschaltet werden, da sonst auch die Kerne geschreddert werden.

Achtung: Aufgrund ihres sehr hohen Fruchtzuckergehalts ist die Kornelle für Menschen mit einer Fruktoseintoleranz nur mit Vorsicht zu genießen.

Kornelkirschen-Chutney

500 g reife rote Kornelkirschen waschen und mit einem spitzen Messer oder einer Haarnadel entkernen. Alternativ die Kornellen erst mit wenig Wasser kurz aufkochen. Durch ein Sieb streichen und so das Fruchtfleisch von den Kernen trennen. Nun 1 große Zwiebel schälen und mit 25 g frischem Ingwer fein würfeln. Zusammen mit 1 EL Senfkörner, 80 ml Essig, 150 g brauner Zucker, 50 g Rosinen, ½ TL Salz und 3 Gewürznelken in einen Topf geben, bei schwacher Hitze ca. 15 Minuten dicklich einköcheln lassen. Immer wieder mal umrühren, damit die Masse nicht anbrennt. Heiß in sterilisierte Gläser abfüllen und sofort verschließen.

RECHTS Zur Reifezeit färben sich die Kornelkirschen über knallrot bis fast schwarz.

BILD links oben Kupferroter Gelbfuß *(Chroogomphus rutilus)*

BILD links unten Waldstimmung

BILD rechts oben Krause Glucke *(Sparassis crispa)*

Krause Glucke

Vom Aussehen erinnert die Krause Glucke *(Sparassis crispa)* an einen Blumenkohl oder einen Badeschwamm, vom Namen her eher an Fleisch. Dazu passt, dass sie auch als »Fette Henne« bezeichnet wird. Dabei handelt es sich um einen essbaren und wohlschmeckenden Pilz. Er lebt parasitisch von Bäumen, vor allem Kiefern, wo er sich insbesondere in deren Fußbereich ernährt und im Stamm Braunfäule erzeugt. Da seine Sporen lange im Boden überdauern können, kann er neu gepflanzte Bäume befallen, selbst wenn kein Pilzfruchtkörper sichtbar ist. Deshalb gilt die Krause Glucke vielerorts als Holzschädling.

Krause Verwandtschaft

Die Krause Glucke ist eine parasitische Pilzart aus der Familie der Gluckenverwandten *(Sparassidaceae)* und hat nur wenige Verwechslungspartner, die sich aber sowohl optisch als auch vom Geruch her deutlich unterscheiden. Jedoch enthält keiner der ähnlichen Pilze akut tödliche Gifte.

Der nächste ebenfalls essbare Verwechslungspartner ist die Breitblättrige Glucke *(Sparassis lamino-*

sa), sie riecht jeeoch nicht ansatzweise so gut wie die Krause Glucke und ist, wie der Name schon sagt, optisch durch ihre breitblättrigeren Äste leicht zu unterschieden. Zudem wächst sie im Vergleich zur Fetten Henne an Laubbäumen sowie Tannen, statt an Fichten und vor allem Kiefern.

Für manche Menschen soll die Breitblättrige Glucke wenig bekömmlich sein und Verdauungsschwierigkeiten hervorrufen. Das kann am zäheren Fleisch der Fruchtkörper liegen.

Noch stärker unterscheiden sich die verschiedenen »Korallen«-Pilzarten von der Krausen Glucke. Diese sind wiederum teilweise giftig oder absolut ungenießbar.

Verwendung in der Küche

Die Krause Glucke macht viel Arbeit in der Küche. Denn während sie zu ihrer respektablen Größe von bis zu 50 cm Breite, gelegentlich sogar mehr heranwächst, sammeln sich zwischen ihren Blättern Laub, Nadeln, Borkenstücke usw. Und natürlich krabbeln auch etliche Insekten aus dem Pilz, die zwischen den blättrigen Ästen wohnen und die sich nun in ihrer Ruhe gestört fühlen. Das bedeutet letztendlich, dass der Pilz Röschen für Röschen zerlegt und gereinigt werden muss - das kann bei einer großen Glucke einige Zeit dauern. Dafür belohnt der Pilz mit einer relativ langen Haltbarkeit im Kühlschrank.

Die Krause Glucke können Sie kochen oder braten oder stark zerkleinert als vegetarisches Hackfleisch verwenden.

Kupferroter Gelbfuß

Er gehört in die Familie der Schmierlingsverwandten *(Gomphidiaceae)* und wie die Röhrlinge zur Ordnung der Dickröhrlingsartigen *(Boletales)*. Der Kupferrote Gelbfuß (*Chroogomphus rutilus*, syn. *Gomphidius rutilus*) hat einen orange- bis rotbräunlichen Hut und dunkel gefärbte Lamellen. Alle Gelbfüße (es gibt etwa 8 Arten) haben schwarze Sporen. Die Stielbasis vom Kupferroten Gelbfuß ist chromgelb und im Alter oft weinrötlich. Die Lamellen laufen weit am Stiel herab. Die Huthaut ist teilweise feucht schmierig, das Hutfleisch recht weich und in der Konsistenz den Röhrlingen ähnlich - und sie sind Speisepilze. Auch der sehr ähnliche Filzige Gelbfuß (*Chroogomphus helveticus*, syn. *Gomphidius helveticus*) ist essbar.

Der Kupferrote Gelbfuß ist ein Mykorrhizapilz und seine Fruchtkörper wachsen von Juli bis November, bevorzugt an Kiefern oder andere Koniferen. Er parasitiert bei Wurzeltrüffeln *(Rhizopogon roseolus)*, die ebenfalls essbar sind. Beim Braten verfärbt sich das Fleisch des Kupferroten Gelbfußes leicht violett und schmeckt angenehm pilzig.

Wildnis Natur

Oh Sonne, heimlich lausch
Bäume säuseln im Liebesrausch
auf den Ästen Gezwitscher
süßes, seliges Geflüster
im Blattwerk der Wipfel
weht Wind es zum Gipfel
sanftes buntes Treiben
junger Morgen soll zeigen
reicht verliebte Seligkeit
auch für die Ewigkeit

Margit Farwig

KRAUSE GLUCKE

eingeweckt

Der brüchige Fruchtkörper der bis zu 50 cm großen Exemplare ist ein delikater Speisepilz.

FÜR 4 EINWECKGLÄSER (À CA. 250 ML)

¼ l milder Weißweinessig
½ TL Bergsalz
8 Pfefferkörner
4 frische Lorbeerblätter
4 Zweige Dost
20 grob gehackte Walnusskerne
4 EL Walnussöl

1 Die Krause Glucke in kleine Stücke zerteilen und mit einem Pinsel sorgfältig säubern.

2 Den Essig, die Gewürze und die Kräuter etwa 5 Minuten in ¼ l Wasser kochen lassen.

3 Die Pilze in dem Sud einmal aufkochen lassen und kochend heiß mit den Walnüssen in die Einweckgläser füllen. Mit der kochenden Flüssigkeit übergießen. Etwas Walnussöl zugeben und die Gläser sofort verschließen.

4 Die Einweckgläser bei Zimmertemperatur auskühlen lassen.

TIPP Servieren Sie die eingelegte Krause Glucke zu Wildgerichten wie Hirschgulasch oder Hasenrücken – oder zu einem Schafskäse als Nachtisch!

BUTTERPILZ

Brathuhn

Der Hut des Butterröhrlings (Suillus luteus) *ist meistens etwas glitschig, deshalb wird gern die Huthaut abgezogen.*

FÜR 2 PORTIONEN

1 Perlhuhn
Bergsalz
frisch gemahlener Pfeffer
400 g Butterpilze
1 Handvoll Kräuter (Pimpernelle, Wegerich, Knoblauchrauke)
50 g Butter
2 Zwiebeln
300 g festkochende kleine Kartoffeln
200 ml Hühnerbrühe

1 Den Backofen auf 180 °C (Umluft) vorheizen.

2 Das Huhn von innen und außen gut waschen, trocken tupfen und mit Salz und Pfeffer würzen.

3 Die Pilze putzen, die Huthaut abziehen und die Pilze in Stücke schneiden. Die Kräuter verlesen, evtl. waschen, trocken tupfen und die Blättchen grob hacken. Die Butterpilze in der heißen Butter kurz anschwenken, die Kräuter zufügen und würzen.

4 Das Huhn mit den Pilzen füllen, in einer großen Ofenpfanne in den Ofen schieben und etwa 10 Minuten garen.

5 Inzwischen die Zwiebeln und die Kartoffeln schälen. Die Zwiebeln vierteln, mit den ganzen Kartoffeln um das Huhn legen und mit der Brühe aufgießen. Das Huhn nochmals ca. 40 Minuten braten, bis es schön knusprig und gar ist.

BUTTERPILZ

Tomatensauce

Der Butterpilz wächst in Symbiose mit Kiefern. Er kann abführend wirken und sollte daher zum Verzehr erstmal in kleinen Mengen getestet werden.

FÜR 2 BIS 3 PORTIONEN

400 g Bandnudeln
3 Knoblauchzehen
400 g Butterpilze
100 ml Olivenöl
300 g stückige Tomaten frisch oder eingeweckt
Bergsalz
frisch gemahlener Pfeffer
1 Zweig Rosmarin oder Dost

1 Die Nudeln nach Packungsanleitung in einem großen Topf in kochendem Salzwasser bissfest garen.

2 Den Knoblauch schälen und fein hacken. Die Pilze putzen und in Scheiben schneiden, bei Bedarf die Huthaut abziehen bzw. entfernen.

3 Den Knoblauch und die Pilze kurz im heißen Olivenöl anbraten, dann die Tomaten zufügen. Zum Schluss mit Salz und Pfeffer würzen und den Rosmarin dazugeben.

4 Die Sauce bei niedriger Hitze zugedeckt etwa 10–15 Minuten köcheln lassen. Die Nudeln mit der heißen Soße servieren.

TIPP Frisch geriebener Bergkäse macht das herbstliche Geschmackserlebnis perfekt.

WALDPILZE

bunt gemischt

Viele Röhrlinge sind roh unverträglich, und sollten deshalb immer gut gegart serviert werden.

FÜR 4 PORTIONEN

6–8 alte Semmeln oder 300 g Knödelbrot
¼ l Milch
1 Zwiebel
2 EL Butter
1 Handvoll frische Kräuter (Giersch, Schnittlauch)
3 Eier
Salz
geriebene Muskatnuss
frisch gemahlener Pfeffer
1 kg gemischte Waldpilze (z. B. Maronen, Steinpilze, Pfifferlinge, Netzstielige Hexenröhrlinge, Birkenröhrlinge, Reizker ...)
2 Knoblauchzehen
4 EL Olivenöl
250 ml süße Sahne

1 Die Semmeln in feine Scheiben schneiden, mit der lauwarmen Milch übergießen und 10 Minuten ziehen lassen.

2 Die Zwiebel schälen, fein würfeln und in einer heißen Pfanne mit 1 EL Butter weich dünsten. Die Kräuter verlesen, evtl. waschen, die Blättchen abzupfen und hacken.

3 Die Eier, das Salz, den Muskat, den Pfeffer und ⅔ der Kräuter zur Semmelmasse geben. Alles zu einem nicht zu festen Teig vermengen. Den Teig in 8 gleich große Knödel formen, zwischendurch die Hände mit Wasser anfeuchten.

4 Die Semmelknödel in einem großen flachen Topf mit kochendem Salzwasser bei geringer Hitze in 15–20 Minuten gar ziehen lassen. Darauf achten, dass das Wasser nicht köchelt.

5 Die Waldpilze mithilfe eines Pinsels von Erde und Schmutz befreien. Die Pilze halbieren, vierteln oder in Scheiben schneiden. Den Knoblauch schälen und fein hacken.

6 In einer heißen Pfanne das Olivenöl und die restliche Butter erhitzen, die Pilze zugeben und 5 Minuten braten, dann mit Salz und Pfeffer würzen und den Knoblauch zugeben. Das Ragout mit ⅛ l Wasser und der Sahne ablöschen, ca.10 Minuten köcheln lassen und mit den restlichen Kräutern bestreuen.

BIRKENPILZ

mediterran

Der Gemeine Birkenpilz (Leccinum scabrum)*, auch Jaghaxn, Kapuziner oder Geißpilz genannt, ist manchmal in unseren Wäldern schon im Juni anzutreffen.*

FÜR 3 BIS 4 PORTIONEN

12 Birkenpilze (oder Rotkappen)
1 kleine Schalotte
1 Knoblauchzehe
1 Tomate
1 Scheibe Weißbrot (z. B. Toskana-Brot)
1 Handvoll Basilikumblätter
50 g geriebener Parmesan
Salz
frisch gemahlener Pfeffer
2–3 EL Olivenöl

1 Die Birkenpilze putzen, die Stiele entfernen und die Köpfe mit der Stielseite nach oben in eine feuerfeste Form legen. Den Grill im Backofen vorheizen.

2 Die Schalotte und den Knoblauch schälen. Die Tomate waschen und vierteln, dabei den Strunk und die Kerne entfernen. Vom Weißbrot die Rinde entfernen, dann alle vier Zutaten fein würfeln. Das Basilikum waschen, trocken tupfen und fein hacken, eventuell ein paar Blättchen für die Deko zurückbehalten.

3 Die Schalotten-, Knoblauch-, Tomaten- und Weißbrotwürfel mit dem Basilikum und dem Parmesan mischen, dann mit Salz und Pfeffer würzen. Die Füllung in die Pilzköpfe verteilen und mit dem Olivenöl beträufeln.

4 Die gefüllten Pilze im Backofen unter dem Grill 8–10 Minuten garen – Vorsicht, dass die gefüllten Pilzköpfchen dabei nicht verbrennen.

WALDPILZ
Patties

In einem feuchten Sommer kann man schon im Juni stattliche Exemplare des Maronenröhrlings finden. Bis zu 15 cm Durchmesser kann seine Kappe messen. Typisch ist das Bläuen der Röhren bei Berührung.

FÜR 2 BIS 3 PORTIONEN

150 g Vollkornreis
1 Zwiebel
1 Knoblauchzehe
200 g Maronenröhrlinge
Olivenöl zum Braten
2 Zweige Feldthymian
150 g Haferflocken
1 EL Senf
1 EL Curry
Bergsalz
frisch gemahlener Pfeffer

1 Den Vollkornreis nach Packungsangabe garen.

2 Die Zwiebel und den Knoblauch schälen und fein würfeln. Die Maronenröhrlinge putzen und klein würfeln.

3 2 EL Olivenöl in einer Pfanne erhitzen und die Zwiebel- und Knoblauchwürfel sowie die Pilze darin kurz andünsten.

4 Den Thymian waschen und die Blättchen abzupfen. Alle Zutaten zu einem Teig vermengen und diesen mit Senf, Curry, Salz und Pfeffer würzen.

5 Mit feuchten Händen kleine Bratlinge aus dem Teig formen. Die Bratlinge in einer Pfanne im heißen Olivenöl von beiden Seiten 4–5 Minuten goldbraun ausbraten.

6 Die Patties einfach mit Salat, frischen Lindenkapern (Rezept Seite 72) und Kräutersaucen (zum Beispiel Rezept Seite 41) in Burger-Brötchen füllen.

KUPFERROTER GELBFUSS

aus dem Wok

*Das Fleisch des Kupferroten Gelbfußes (*Chroogomphus rutilus *syn.* Gomphidius rutilus*) verfärbt sich beim Garen purpurrot.*

FÜR 4 PORTIONEN

1 kleine Stange Lauch
300 g Kupferroter Gelbfuß
2 Knoblauchzehen
1 haselnussgroßes Stück frischer Ingwer
1-2 EL Pflanzenöl
100 ml Reiswein
4 EL Hoisinsauce
etwas Agavensirup
Chiliflocken

1 Die Pilze putzen und halbieren. Große Pilze in Scheiben schneiden. Den Lauch säubern und in feine Streifen schneiden. Den Knoblauch und den Ingwer schälen, beides in feine Scheiben schneiden.

2 Das Öl in einen Wok geben und erhitzen. Dann die Pilze dazugeben und unter Rühren 5 Minuten rundherum gut braten.

3 Die Lauchstreifen, den Knoblauch und Ingwer hineingeben und anschwitzen. Reiswein, Hoisinsauce und Agavensirup angießen, alles etwa 3-5 Minuten ziehen lassen.

4 Das Wok Gericht nach Belieben mit Chiliflocken würzen. Dazu passt Duftreis!

TIPP Alle Gelbfüße sind essbar, darunter auch das beliebte Kuhmaul *(Gomphidius glutinosus).* Es ist allerdings ein Speispilz mit einer sehr dicken schleimigen Huthaut, die man vor der Zubereitung abzieht.

BIRKENPILZ

gebacken

Der Gemeine Birkenpilz (Leccinum scabrum) *gehört zu den Raufußröhrlingen* (Leccinum) *und gilt roh genossen als unverträglich. Daher immer gut durchgaren..*

FÜR 4 PORTIONEN

8 mittelgroße junge Birkenpilzkappen
Salz und frisch gemahlener Pfeffer
1 TL Zitronensaft
4 Scheiben milder roher Schinken
4 Scheiben Bergkäse
4 EL Semmelbrösel
1 EL gehackter Gundermann
1 TL gehackter Dost
2 EL Mehl
2 verquirlte Eier
Pflanzenöl zum Ausbacken

1 Die Birkenpilzkappen falls nötig säubern, etwas salzen, pfeffern und mit Zitronensaft beträufeln.

2 Jede Schinkenscheibe mit einer Käsescheibe belegen und den Schinken zusammenklappen, sodass kleine Päckchen entstehen. Jeweils ein Schinken-Käse-Paket auf die Innenseite eines Birkenpilzes legen und einen zweiten Pilzkopf daraufsetzen.

3 Die Semmelbrösel mit den Kräutern vermischen. Die Pilzpakete nacheinander in Mehl, Ei und der Bröselmischung wälzen und rundherum panieren. Eventuell mit einem Holzspieß fixieren.

4 Die Pilze in heißem Öl (ca. 170 °C) in einer tiefen Pfanne oder in einem Töpfchen goldbraun backen und auf Küchenpapier gut abtropfen lassen.

TIPP Dazu passt ein frischer Kräutersalat (Rezept Seite 75) und etwas Zitronensaft! Wer es vegetarisch liebt, lässt einfach den Schinken weg!

BILD oben Reife Sanddornfrüchte

BILD Mitte Gepresstes Sanddörnöl

BILD unten Sanddornbusch mit unreifen Früchten

Sanddorn - ursprünglich aus Tibet

Der Sanddorn *(Hippophae rhamnoides)* ist ein stacheliger Strauch, der bis 10 m hoch werden kann und zu den Ölweidengewächsen *(Elaeagnaceae)* gehört. Das Pioniergehölz wächst bei uns vor allem in Küstennähe, da er auf lockerem Sandboden bevorzugt gedeiht. Im Binnenland findet man den Sanddorn auf Kiesböden, an Flussbetten oder Kiesgruben, aber auch an künstlich angelegten Hängen, wie entlang von Autobahnen. Mit seinem dichten Wurzelwerk und der bis zu 3 m langen Pfahlwurzel kann er das Erdreich verfestigen.

Lokale Namen des Sanddorns ergeben sich aus seinen Standorten - Dünendorn, Seedorn, Sandbeere, Sandweide, Weidendorn - oder aus seinem Aussehen: Orangenbeerstrauch, Korallenstrauch. Auch Amritscherl oder Fasanbeere wird er genannt.

Im Garten anbauen

Vom Sanddorn lassen sich leicht Stecklinge ziehen. Die widerstandsfähige Pflanze überlebt starke Kälte, Hitze und Trockenheit. Sie liebt Sonne und Wind, daher ist ein freier, sonniger Platz im Garten wichtig für eine gute Fruchtbildung. Ab März fängt der Sanddorn an zu blühen. Die Früchte sind Scheinfrüchte. Ihr saftiges Fruchtfleisch umhüllt den Samen. Sie schmecken herb, leicht ölig und säuerlich.

Zu beachten ist, dass beim Sanddorn weibliche und männliche Blüten auf unterschiedlichen Sträuchern vorkommen. Damit die weiblichen Blüten befruchtet werden können, müssen in unmittelbarer Nähe eines weiblichen Sanddornstrauchs mindestens zwei männliche Sträucher stehen.

Schwierige Ernte

Die Ernte der Früchte ab Spätherbst (September, Oktober) ist sehr aufwendig, da die Pflanze dornig ist und die reifen Beeren schnell platzen. Die Früchte sollten eine kräftige orange Farbe haben, dann erst sind sie reif!

Zur Ernte gibt es verschiedene Möglichkeiten. Entweder man »melkt« die Beeren mit dicken Handschuhen am Ast, indem man den Saft direkt aus den Beeren presst. Oder man breitet ein Tuch unter dem Strauch aus und schüttelt bzw. streift die Beeren mithilfe von Holzwerkzeugen vom Ast. Diese beiden Methoden schädigen allerdings die Pflanze, der Ertrag ist schlecht und die Verletzungsgefahr groß. Besser ist es, ausgewählte Zweige mit besonders vielen Beeren vom Strauch zu schneiden und sie in einem Gefrierbeutel schockzufrosten. Am nächsten Tag können Sie die Beeren einfach abklopfen!

Frost in der freien Natur und vielleicht über einen längeren Zeitraum wirkt sich negativ auf den Vitamin-C-Gehalt der Beeren aus (im Gegensatz zu Schlehen, die erst nach dem Frost geerntet werden sollen).

Die Ernte lohnt sich, denn die köstlichen Beeren enthalten reichlich B-Vitamine und Vitamin C, Mineralstoffe, Flavonoide und Carotinoide, außerdem Kalzium, Magnesium, Mangan und Eisen, des Weiteren ungesättigte Fettsäuren.

Die verkannten Perlen sind eine tolle Beimischung im Müsli, Chutney, Saft, Schnaps, auf Torten oder in Fruchtaufstrichen. Zu Gemüse, Tofu- und Fleischgerichten oder zu Saucen passen sie ebenfalls.

Heilende Anwendungen

In vielen Kulturen wird Sanddorn schon seit vielen Jahrhunderten medizinisch genutzt. In der tibetischen Medizin ist er eine geschätzte Heilpflanze, unter anderem eingesetzt bei Neurodermitis, Tumoren und um den Cholesterinspiegel zu senken.

Nach der anthroposophischen Lehre Rudolf Steiners gehört Sanddorn zu den Wind- und Sonnenpflanzen, die Lichtenergien aufnehmen können. Sanddorn speichert in seinem Fruchtfleisch und in den Kernen ähnlich wie Oliven wertvolles Öl. Es enthält Antioxidanzien und Palmitoleinsäure, die regenerierend wirken und besonders wertvoll für trockene, spröde Haut, bei Hautkrankheiten und Verbrennungen sind. Das Öl in den Kernen enthält viele ungesättigte Fettsäuren, wie Gamma-Linolensäure.

Sanddornölauszug

Einen Sanddornölauszug, der ebenfalls wertvoll für die Haut ist, können Sie zu Hause selbst herstellen. Dafür nutzen Sie den Pressrückstand entsafteter Beeren. Diesen in ein sauberes Schraubdeckelglas geben und mit Öl (z. B. Jojobaöl, Olivenöl) auffüllen, bis alles bedeckt ist. An einem hellen, warmen Platz stehen lassen und nach drei Wochen abseihen..

Sanddornhonig

Dazu werden nur Sanddornfrüchte und Honig verwendet. Die Früchte in einen Topf geben und mit Wasser bedecken. Bei geschlossenem Deckel zum Kochen bringen und für etwa drei Minuten köcheln. Durch ein Sieb in eine Schüssel schütten, die Beeren durch das Sieb streichen, sodass nur die Kerne (Kerne verwenden für den Ölauszug) übrig bleiben. Das abgekühlte Fruchtfleisch wiegen und mit der gleichen Menge Honig gründlich verrühren, bis eine homogene Masse entsteht. Kühl aufbewahren.

Sanddorn-Tee

Zur Immunstärkung sowie bei Kreislaufstörungen, Erkältungen, Frühjahrsmüdigkeit und Magenerkrankungen kann ein wohlschmeckender Tee aus den Beeren helfen. Dazu einen Esslöffel frische oder getrocknete Beeren mit 250 ml Wasser in einem Topf zum Kochen bringen, mit geschlossenem Deckel 10 Minuten ziehen lassen, abseihen und trinken.

SANDDORN

Kuchen

Vollreife Beeren mit einer Schere von den Ästen abschneiden.

FÜR EINE SPRINGFORM MIT 26 CM Ø

weiche Butter und geriebene Mandeln für die Form
80 g Butter
80 g Vollrohrzucker
1 Päckchen Vanillezucker
1 Prise Salz
5 Eier
2 EL Rum
100 g geriebene Zartbitterschokolade
200 g gemahlene Mandeln
½ Päckchen Backpulver
200 ml Schlagsahne
250 g Mascarpone
130 ml Sanddornmus
90 g Honig
2 Messlöffel und eine Prise Biobin (Johannisbrotkernmehl)
½ TL Vanillepulver

1 Den Backofen auf 160 °C (Ober- und Unterhitze) vorheizen. Den Boden der Backform mit Backpapier auslegen und den Rand buttern und mit geriebenen Mandeln bestreuen.

2 Butter, Zucker, Vanillezucker und Salz schaumig rühren. Vier Eier trennen. Ein ganzes Ei und die 4 Eigelbe mit dem Rum nach und nach zur Buttermasse geben und cremig rühren. Zum Schluss die geriebene Schokolade untermischen.

3 Mandeln und Backpulver mischen. Die Eiweiße steif schlagen und mit den Mandeln vorsichtig unter die Buttermasse heben.

4 Den Teig in die vorbereitete Backform geben und ca. 35 Minuten backen, dann den Ofen ausschalten und den Kuchen noch 10 Minuten im Ofen ruhen lassen. Herausnehmen und abkühlen lassen.

5 Die Sahne steif schlagen. Mascarpone mit 100 ml Sanddornmus, 60 g Honig, 2 Messlöffel Biobin und Vanillepulver gut verrühren und die Sahne unterheben. Die Creme auf dem abgekühlten Boden verstreichen.

6 Den restlichen Honig, Sanddornmus und eine Prise Biobin erwärmen und auf der Mascarponecreme verteilen.

BILD ganz oben Blätter der Stieleiche *(Quercus robur)*

BILD links Eichelmehl und Eichelgrieß

BILD oben Früchte der Eiche

Eicheln – Kraftnüsse aus der Natur

Eicheln waren ein Grundnahrungsmittel der nordamerikanischen Indianer. Aber auch bei uns wurden sie im Mittelalter gern in der Küche verarbeitet.

Die Eichen gehören zur Familie der Buchengewächse *(Fagaceae)* und sind Bäume mit sehr tiefen Wurzeln, die in der Lage sind, Wasser und Mineralstoffe aus tiefen Schichten der Erde aufzunehmen. Sie leben in Partnerschaft (Mykorrhiza) mit vielen verschiedenen Pilzarten, darunter mit dem Steinpilz, der Eichen-Rotkappe oder verschiedenen Trüffel-Arten. In Mitteleuropa kommen vor allem zwei Arten weit verbreitet vor: die Stieleiche *(Quercus robur)* und die Traubeneiche *(Quercus petraea)*. Aber auch die aus Nordamerika eingeführte Roteiche *(Quercus rubra)* wird immer häufiger angepflanzt.

Eicheln für die Küche

Generell gilt: Die Früchte aller Eichenarten sind essbar, allerdings nicht roh! Die Gerbstoffe können Magen-Darm-Beschwerden hervorrufen. Weitere Inhaltsstoffe sind Kohlenhydrate, Proteine, ungesättigte Fettsäure, B-Vitamine und Tannine. Um die kleinen Kraftpakete nutzen zu können, müssen sie vorbehandelt werden.

Ab September reifen die Früchte. Gesammelt werden nur heruntergefallene unbeschädigte Eicheln. Diese waschen Sie zunächst, dabei alle auf dem Wasser schwimmenden Eicheln wegwerfen, sie sind meist wurmstichig. Dann die Eicheln ausgebreitet an einem warmen Ort trocknen lassen. Luftdicht lagern und später entbittern. Sie können aber auch sofort nach dem Waschen weiter verfahren.

Schälen

Zuerst müssen die Eicheln geschält werden, dazu gibt es verschiedene Methoden.

- Die Eicheln in einen großen Stoffbeutel geben und mit einem Hammer darauf schlagen, bis die Nüsse aufplatzen.
- Die Eicheln mit einem Messer einritzen oder mit einem Nussknacker öffnen und dann schälen.

Gekeimte Eicheln, die man oft im Winter finden kann, können ebenso verwendet werden. Gekeimte Eicheln sind sogar noch reicher an wichtigen Inhaltsstoffen, da im Zuge der Keimung wertvolle Enzyme gebildet wurden.

Tipp: Die Schalen können Sie auskochen und für hautpflegende Fußbäder oder für Vollbäder zu Heilzwecken verwenden. Bei Entzündungen im Mund- und Rachenraum eignet sich der Eichelsud wegen seiner Gerbstoffe zum Gurgeln.

Entbittern

Die geschälten Früchte werden dann für 3 Tage in kaltem Wasser mit etwas Natron gewässert. Das Wasser sollte täglich öfter gewechselt werden. Durch diesen Vorgang werden die Bitterstoffe entfernt. Wird das Wasser nicht mehr braun, können Sie davon ausgehen, dass der größte Teil an Gerbstoffen entfernt wurde.

Mahlen

Nun können die Eicheln mithilfe einer Mühle, eines Fleischwolfs oder Cutters vermahlen werden. Das feuchte Mehl oder die Paste kann eingefroren oder im Dörrgerät bzw. Backofen getrocknet werden. Anschließend das getrocknete Mehl sieben, nun liegt ein lockeres und wohlriechendes Eichelmehl oder Eichelhack bzw. Grieß vor. Es eignet sich zum Backen für Kekse oder Kuchen, für süße und deftige Aufstriche, Brot, Eichel-Spaghetti-Sugo, Bratlinge, als Kaffee-Ersatz und vieles mehr. Da das Eichelmehl nicht sehr gut bindet, vermische ich es mit Weizenmehl.

EICHEL

Schokokaffee

FÜR CA. 10 BIS 15 TASSEN

250 g entbitterte Eicheln
50 g Zartbitterkuvertüre
100 ml Sahne
Schokoladenspäne oder Kakao

1 Die entbitterten Eicheln abschütten, mit Küchenpapier trocken tupfen und auf einem mit einem Tuch ausgelegten Blech gut trocknen.

2 Die Eicheln nun grob hacken und im auf 200 °C vorgeheizten Ofen auf einem Backblech rösten, bis sie dunkelbraun sind.

3 Wer möchte, kann auch einige Nelken, Kardamom und ein paar Pfefferkörner mitrösten. Dann abkühlen lassen und in der Kaffeemühle fein mahlen.

4 Für die Schokosahne die Schokolade hacken und über dem Wasserbad schmelzen. Die Sahne einrühren und über Nacht im Kühlschrank abkühlen lassen.

5 Am nächsten Tag das Eichelkaffeepulver in Wasser ein paar Minuten kochen, abgießen und genießen. Auf 1 Liter Wasser nimmt man ca. 4–5 EL Eichelkaffeepulver, je nach Geschmack.

6 Die Schokosahne aufschlagen und mit dem koffeinfreien Kaffee servieren. Wer möchte, kann mit Schokospänen oder Kakao dekorieren!

EICHEL

Waffeln

FÜR 2 BIS 3 PERSONEN

50 g entbitterte Eicheln gemahlen
100 g Mehl Type 405
50 g gemahlene Mandeln
50 g Vollrohrzucker
1 TL Zimt
1 Prise Salz
1 TL Natron
350 ml Reismilch oder Mandelmilch
1 TL Weinstein-Backpulver
Sonnenblumenöl oder Kokosfett

1 Alle Zutaten bis auf das Backpulver und das Fett vermischen und 1 Stunde quellen lassen. Dann das Backpulver dazugeben.

2 Ein Waffeleisen vorheizen und gut mit Öl oder Kokosfett bepinseln. Nach und nach jeweils eine Schöpfkelle Teig in das Eisen geben und die Waffeln knusprig ausbacken.

3 Zu den Waffeln passen Eis, Früchte und Beeren wie eingefrorene Himbeeren vom Sommer, Sahne. Ich esse gern Ahornsirup dazu. Wer mag kann noch etwas Zimt darüber streuen.

TIPP Der Teig ist durch das Eichelmehl etwas feuchter, die Waffeln brauchen eine Zeit, bis sie durchgebacken sind und sich ablösen vom Eisen. Evtl. kann man mit einem Holzspachtel etwas nachhelfen beim Lösen.

ZEIT

Ich habe die Zeit verschlafen
als Augustäpfel
ungepflückt ins Gras fielen
und zu Spielbällen wurden
von Wurm zu Wurm

auch als Rauchfahnen
von nutzlosen Ästen
flammende Zeichen
in den Wind setzten

eine Krähe der anderen
die gierig funkelnden Augen aushackte
schlief ich weiter und träumte
als Augustäpfel
ungepflückt ins Gras fielen

Margit Farwig

Echtes Barbarakraut

Das zur Familie der Kreuzblütengewächse *(Brassicaceae)* gehörende Echte Barbarakraut *(Barbarea vulgaris)* ist auch unter den Namen Barbenkraut, Barbarakresse, Steinsenf oder Saurer Hederich bekannt. Zu den nächsten Verwandten zählen unter anderem das Mittlere Barbarakraut *(Barbarea intermedia)*, das Frühlings-Barbarakraut *(Barbarea verna)* und das Steife Barbarakraut *(Barbarea stricta)*. Viele Gemüsearten wie Weiß- und Rotkohl sowie Gewürze, etwa Senf, sind ebenfalls Kreuzblütengewächse. Barbarakresse lässt sich ebenfalls im Garten ziehen.

Den Namen »Barbarea« hat die winterharte Pflanze vom sogenannten Barbaratag, der am 4. Dezember zu Ehren der Heiligen Barbara, der Schutzpatronin der Bergleute und Steinbrucharbeiter, abgehalten wird. Oft sind die grünen Blattrosetten des Barbarakrauts im Winter unter einer Schneedecke noch zu finden, deshalb wird sie auch als Winterkresse oder Barbarakresse bezeichnet..

Die ausdauernde und anspruchslose zweijährige Pflanze kann bis zu einen Meter hoch werden. Im ersten Jahr bildet das Barbarakraut Blattrosetten mit rundlichen, grob gefiederten Blättern (Grundblätter). Im zweiten Jahr, sobald die Sonne etwas höher steht, hat es die Pflanze eilig. Dann schiebt sie je nach Nährstoffangebot ihre Sprossachse empor und bildet eher gezähnte bzw. gezackte Blätter, die direkt am Stängel sitzen. Der Stängel ist kantig und kahl. Von April bis Juli erscheinen die vielen zwittrigen goldgelben Blüten, die in locker-traubigen Blütenständen angeordnet sind. Jede Blüte besitzt vier Kronblätter sowie vier Staubblätter. Die Früchte sind bis zu 3 cm lang gezogene, zweigeteilte Schoten, die mehrere ölhaltige, braun gefärbte Samen enthalten. Die Fruchtreife selbst ist meist ab August zu erwarten.

Das Barbarakraut in der Küche

Das Kraut wurde früher wegen seiner Inhaltsstoffe und vor allem wegen des hohen Gehalts an Vitamin C und vielen Bitterstoffen als gesunde Pflanze im Winter geschätzt und gegessen.

Vom Barbarakraut können Sie alles verwenden. Werden die Blätter so geerntet, dass das Innere der Rosette nicht zerstört wird, wächst die Pflanze immer wieder nach. Allerdings sollten die Blätter nicht während der Blütezeit gesammelt werden, denn dann schmecken sie sehr bitter und sind nicht zu empfehlen.

Der Geschmack der jungen Blätter ist würzig, etwas bitter und leicht pfeffrig scharf – am ehesten zu vergleichen mit Kresse. Von daher heißt die Pflanze auch Winterkresse. Die Schärfe selbst entsteht durch die in den meisten Pflanzenteilen enthaltenen Senföle, die appetitanregend und verdauungsfördernd wirken.

Um den herben Geschmack etwas abzumildern, können Sie vor der Zubereitung die Blätter wässern oder kurz blanchieren. Das Wässern bewirkt, das die Bitterstoffe entzogen werden. Dazu einfach die Blätter in kaltes Wasser legen. Aber bedenkt, dass die Bitterstoffe sehr gesund sind und eine beruhigende und antientzündliche Wirkung haben.

Achtung: Zu große Mengen der Blätter auf einmal gegessen, können bei Menschen mit sehr empfindlichem Darm Durchfall verursachen.

Die frischen Blütentriebe haben ebenfalls einen angenehm scharfen bzw. pfeffrigen Geschmack. Sie eignen sich hervorragend zum Dünsten oder als Salatzugabe. Die reifen Samen können Sie zum Beispiel in einem Mörser zerkleinern und als Gewürz verwenden.

BILD oben Blühendes Barbarakraut *(Barbarea vulgaris)*

BILD rechts Gefiederte Blätter, im Winter zu finden

BARBARAKRAUT

im Topf

Das sogar noch im Winter wachsende Kreuzblütengewächs verleiht Speisen eine nach Senf schmeckende, rettichscharfe Pfeffernote.

FÜR 4 PORTIONEN

400 g Kartoffeln
1 Bund Suppengemüse
1 kleine Zwiebel
20 g Butter
Bergsalz
frisch gemahlener Pfeffer
geriebene Muskatnuss
1½ l Wasser
2 Handvoll Barbarakrautblätter
2 Scheiben Schwarzbrot (oder Schafgarben-Baguette, siehe Seite 179)
50 ml Olivenöl

1 Das Gemüse putzen, schälen und in kleine Würfel schneiden. Die Gemüsewürfel in der heißen Butter andünsten, dann mit Salz, Pfeffer und Muskatnuss würzen. Das Wasser aufgießen und das Gemüse darin weich kochen.

2 Die Kräuterblätter verlesen, evtl. waschen und grob hacken. Die Brotscheiben in feine Würfel schneiden und in einer Pfanne im heißen Olivenöl rundherum goldbraun braten. Zum Schluss mit etwas Salz würzen.

3 Die gehackten Barbarakrautblätter zum Gemüse geben und grob pürieren. Die Suppe nochmals erhitzen und mit Salz und Pfeffer abschmecken. Mit den Croûtons servieren.

TIPP Barbarakresse ist in der Küche sehr vielseitig einsetzbar – sie schmeckt in Salaten oder in Pesto, im Kräuterquark oder einfach auf das Butterbrot gestreut!

SCHNEEBALLBEERE

trifft Hühnerbrust

Die Vitamin-C-Power-Schneeballbeere (Viburnum opulus) *sollte nach dem ersten Frost geerntet werden..*

FÜR 4 PORTIONEN

200 g Schneeballbeeren
30 g Zucker
etwas geriebene Schale von 1 unbehandelten Orange
20 ml Cointreau
4 Hühnerbrüste
frisch gemahlener weißer Pfeffer
4 Scheiben roher Schinken
1 Stange Lauch
2 EL Olivenöl
1 Handvoll frische Kräuter (z. B. Vogelmiere, Barbarakraut, wilder Schnittlauch ...)

1 Den Backofen auf 160 °C (Umluft) vorheizen.

2 Die Schneeballbeeren waschen, mit dem Zucker und der Orangenschale mischen und in eine ofenfeste Form geben. Im vorgeheizten Ofen etwa 20 Minuten garen. Wenn nötig, etwas Wasser zufügen und mehrmals umrühren. Zum Schluss mit Cointreau abschmecken.

3 Die Hühnerbrüste säubern und mit weißem Pfeffer würzen. Jeweils eine Brust mit einer Scheibe Schinken umwickeln.

4 Den Lauch putzen, längs in Streifen schneiden und waschen. Dann das Olivenöl in einer Pfanne erhitzen, die Hühnerbrüste hineingeben und rundherum goldbraun anbraten. Den Lauch zugeben und 5–7 Minuten mit garen.

5 Das Fleisch und den Lauch auf Tellern anrichten und mit frischen Kräutern sowie den Schneeballfrüchten servieren.

TIPP Die Schneeballbeeren haben kleine Samen, die durch Passieren entfernt werden können.

Gewöhnlicher Schneeball

Die bis 10 cm großen weißen Blütenstände des Gewöhnlichen oder Gemeinen Schneeballs *(Viburnum opulus)* leuchten schon von Weitem wie Schneebälle aus Hecken und an Waldrändern. Der Strauch gehört in die Familie der Moschuskrautgewächse *(Adoxaceae)*. Der moschusartige Geruch der Beeren kommt von der Butter- und Baldriansäure.

Wegen der herzförmigen Steinkerne werden die roten Früchte auch Herz- oder Herzalbeere genannt, sie werden ab August reif. Sie enthalten wichtige Inhaltsstoffe wie Carotinoide, ätherische Öle, Saponine, Tannine, Flavonoide und Pektine. Viele empfinden den Geschmack der roten Früchte als zu bitter. Doch wenn sie mit etwas Wasser kurz gekocht und dann passiert werden, lassen sie sich zu Säften, Sirup, Gelee oder Desserts weiterverarbeiten.

In Osteuropa wie in Russland, Polen und der Ukraine sowie in der Türkei wird das klebrige Fruchtfleisch der beerenähnlichen Steinfrüchte ausgepresst, zu einem Erfrischungsgetränk fermentiert (türk.: Girabolu) oder in Wodka eingelegt. Gedörrt dienen die Beeren als Snack, werden zu Kompott und zu Kuchen bzw. Strudeln verarbeitet. In Amerika sind sie als »Highbush Cranberries« als Superfood beliebt und finden Verwendung in Crumbles, getrocknet in Müsli, Chutneys und süßen oder würzigen Saucen.

Unreife und roh gegessene Beeren können Erbrechen hervorrufen. Deshalb werden sie üblicherweise nach dem ersten Frost geerntet und gelten erst dann als reif; vermutlich werden Giftstoffe durch Gefrieren abgebaut.

Echte Mispel

Die Mispel *(Mespilus germanica)*, ein Rosengewächs *(Rosaceae)*, ist ein sommergrüner, dornenbewehrter Baum mit herrlichen weißen Blüten, die bis zu 4 cm Durchmesser haben können. Sie stammt ursprünglich aus Kleinasien und Südosteuropa und wurde von den Römern nach Mitteleuropa gebracht. Die meisten Mispeln bei uns heutzutage sind Zuchtformen, die keine Dornen mehr tragen und größere Früchte haben. Die eigentlichen Früchte der Mispel sind kleine, sehr harte Nüsschen, die sich im Inneren der fleischigen »Frucht« verbergen. Mispeln sind erst nach Frosteinwirkung oder längerer Lagerung genießbar. Sie haben einen typischen säuerlich-aromatischen Geschmack und können roh oder gedörrt verzehrt werden, aber auch zu Mus oder Gelee verarbeitet werden. Da die unreifen Früchte, aber auch die Blätter und die Borke reichlich Tannine enthalten (unreife Früchte etwa 2,6 Prozent), wurde die Mispel früher zum Gerben genutzt.

In der Volksmedizin wurden die Früchte aufgrund ihrer harntreibenden und adstringierenden Wirkung zur Regulierung der Darmtätigkeit, zum Beispiel bei Durchfall, eingesetzt, außerdem zur Blutreinigung und als fiebersenkendes Mittel.

Der Schlehdorn

Über die Blüten des Schlehdorns *(Prunus spinosa)* und den Strauch selbst haben Sie schon auf Seite 52 viel erfahren. Hier geht es nun um die Beeren.

Schlehenbeeren sind roh genossen unglaublich adstringierend. Aber es lohnt sich, das Fruchtfleisch einer der kleinen pflaumenähnlichen Früchte zu knabbern, nur um diese Erfahrung zu machen. Der beste Zeitpunkt für die Ernte der Schlehenbeeren ist nach dem ersten oder zweiten Frost, denn dadurch werden die Bitterstoffe in der Frucht zerstört und sie werden immer süßer. Das Knabbern an den Früchten kann dann irgendwie seltsam süchtig machen! Aber beachten Sie bitte, dass frische Schlehen leicht abführend wirken können, deshalb sollten sie nur in kleinen Mengen roh verzehrt werden.

Frisch geerntete Schlehen sollten schnell weiterverarbeitet werden, zum Beispiel zu Marmelade. Dafür sollten Sie die Früchte erst kochen und dann passieren, um das Fruchtfleisch von den Kernen zu befreien. Die Kerne können für Wärmekissen Verwendung finden.

Gewöhnlicher Wacholder

Der Wacholder *(Juniperus communis)* aus der Familie der Zypressengewächse *(Cupressaceae)* ist ein oft mehrstämmiges Nadelgehölz, das baum- oder strauchartig wachsen kann. Die stachelspitzigen, nadelförmigen Blätter riechen zerrieben sehr aromatisch. Die jungen, noch weichen Triebspitzen können Sie im Frühjahr ab März/April für Aufstriche, Saucen, Sirup und Desserts wie Eis verwenden.

Die bekannten Wacholderbeeren, im botanischen Sinn Beerenzapfen, können ab Ende August gesammelt werden. Sie kommen in Speisen wie Sauerkraut, Bratensaucen und Schmorgerichten als Gewürz zum Einsatz. Aus ihnen werden zum Beispiel auch Gin, Genever oder Kräuterschnäpse gebrannt.

Wacholder enthalten ätherische Öle und Gerbstoffe, die bei Verdauungsproblemen helfen können, außerdem wirken sie appetitanregend. Übermäßiger Genuss führt jedoch zu starkem Harndrang und beschleunigt die Herztätigkeit.

Es gibt mehrere Wacholderarten, auch Gartenformen, von denen einige in allen Teilen giftig sind, wie etwa der Sadebaum *(Juniperus sabina)* oder der Virginische Wacholder *(Juniperus virginiana)*.

Die Verbreitung des Gewöhnlichen Wacholders wurde bei uns durch ehemalige Weidewirtschaft stark gefördert, beispielsweise in der Lüneburger Heide. Da solche Gebiete heute oft unter Schutz stehen, sollten Sie dort Wacholder nicht sammeln!

BILD oben Gewöhnlicher Schneeball *(Viburnum opulus)*

BILD Mitte Früchte der Mispel *(Mespilus germanica)*

BILD unten Früchte des Schlehdorns *(Prunus spinosa)*

WACHOLDER

Lammrücken

Die blauschwarzen Beeren des Wacholders (Juniperus), *der zu den Zypressengewächsen* (Cupressaceae) *gehört, sind besonders in der Küche unerlässlich wegen ihrer harzig-bittersüßen Aromen.*

FÜR 4 PORTIONEN

4 Lammrückenfilets à etwa 200 g
2 EL Wacholderbeeren
½ TL Pfefferkörner
2 EL Olivenöl
Bergsalz
4 mittelgroße festkochende Kartoffeln
Öl zum Frittieren

1 Die Lammrückenfilets von den Sehnen befreien. Die Wacholderbeeren und den Pfeffer im Mörser zerstoßen und das Fleisch mit den Gewürzen sowie dem Olivenöl einreiben.

2 In der Zwischenzeit den Backofen auf 70 °C (Umluft) vorheizen.

3 Die Lammrückenfilets rundherum in einer Pfanne im heißen Öl anbraten, mit Salz würzen und anschließend ca. 15-20 Minuten im vorgeheizten Ofen ruhen lassen.

4 Die Kartoffeln schälen und in feine, lange Stifte raspeln. Dann im heißen Öl goldbraun ausbacken. Herausnehmen, auf Küchenpapier abtropfen lassen und mit Salz würzen. Heiß zu den Lammrückenfilets servieren.

TIPP Reichen Sie zu diesem Gericht die Kräuterbutter mit Scharbockskraut (siehe Seite 36).

MISPEL

trifft Wildhase & Pastinak

Die Früchtchen der Mispel (Mespilus germanica)*, einem Rosengewächs, sind adstringierend und sollten daher erst nach den ersten Frostnächten gesammelt werden. Auch bei längerer Lagerung bauen sich die Tannine und Fruchtsäuren ab.*

FÜR 4 PORTIONEN

1 Hasenrücken, ausgelöst
Bergsalz
frisch gemahlener Pfeffer
2 EL Olivenöl
3 wilde Pastinakenwurzeln
1 Handvoll reife Mispeln
1 Zweig Rosmarin
200 ml Wildbrühe
2 EL Butter

1 Die Hasenrückenfilets von den Sehnen befreien und mit Salz und Pfeffer würzen.

2 Den Backofen auf 70 °C (Umluft) vorheizen. Die Hasenrückenfilets im heißen Öl von allen Seiten anbraten. Dann aus der Pfanne nehmen, auf einen Teller legen und im vorgeheizten Ofen 20 Minuten gar ziehen lassen.

3 Die Pastinaken schälen, in Spalten schneiden und im Bratfett des Fleisches dünsten.

4 Die Mispeln halbieren, das Fruchtfleisch herausschaben und durch ein Sieb streichen. Das Mispelmus zu den Pastinaken geben. Die Rosmarinnadeln abzupfen und ebenfalls dazugeben. Mit der Brühe aufgießen, anschließend mit Salz und Pfeffer würzen.

5 Alles leicht einköcheln lassen und die Soße zum Schluss mit Butterflöckchen abbinden.

6 Das Fleisch aus dem Ofen nehmen, aufschneiden und mit der Soße servieren.

TIPP Zu diesem Gericht passt Kartoffelpüree sehr gut.
Durch ihren Pektingehalt eignen sich die Mispeln zum Einmachen (siehe Rezept Mispelmus Seite 20).

WILDFRÜCHTE
alkoholisiert

Mispeln (Mespilus germanica), *früher beliebte Obstbäume in vielen Bauerngärten, sind heute selten geworden. Völlig zu Unrecht, denn der Baum mit seinen großen wunderschönen Blüten (siehe Seite 1) ist robust und winterhart. Auch bietet er vielen Tieren in der Hecke Schutz und ist für Insekten ein wichtiger Lieferant von Pollen und Nektar.*

FÜR 1½ LITER

450 g Mispeln (oder Schlehen, Brombeeren)
100–200 g Kandiszucker
700 ml Weinbrand

1 Die Mispeln und/oder die anderen Früchte säubern und rundherum mit einer Nadel einstechen. Bei Brombeeren oder Schlehen ist dies nicht nötig, sie müssen nur gesäubert werden.

2 Die Früchte in ein großes, verschließbares Gefäß oder in Flaschen füllen. Dann den Zucker und den Weinbrand dazugeben und alles gut verrühren.

3 Die Gefäße gut verschließen und den Brand mindestens 3 Monate an einem kühlen und dunklen Ort ziehen lassen. Am besten schmeckt er nach etwa einem Jahr!

TIPP Schlehen oder Mispeln erntet man nach dem ersten Frost von November bis Dezember. Dann verlieren die Früchte ihren herben Geschmack und werden süßer. Brombeeren werden von August bis September geerntet.
Schlehen kann man auch zu Eis, Käse oder Wildgerichten genießen!

Hallimasch

In Deutschland gibt es von den Hallimaschen oder Honigpilzen (Gattung *Armillaria*, Familie *Physalacriaceae*) mehrere Arten. Ihre Fruchtkörper erscheinen meist büschelig ab Herbst an lebenden und toten Laub- und Nadelbäumen.

Am häufigsten wird bei uns der Gemeine Hallimasch *(Armillaria ostoyae)* in großen Mengen gefunden, etwas weniger häufig der Honiggelbe Hallimasch *(Armillaria mellea)*. Der Pilz ist roh giftig und wird nicht von jedem gut vertragen. Er kann zu grippeähnlichen allergischen Reaktionen oder Magen-Darm-Beschwerden führen. Vor dem Verzehr sollte er gut durchgegart werden (mind. 15 Minuten). Es wird geraten, die Pilze vor der Zubereitung in Wasser abzukochen und das Kochwasser wegzuschütten. Der Hallimasch eignet sich für süß-saure Suppen, Eintöpfe, Pilzgulasch oder als Duxelles. Die zähen Stiele können zu Pilzpulver verarbeitet und dann als Würze zu Saucen gegeben werden.

Hallimasche besitzen die Fähigkeit zur Biolumineszenz, das heißt, dass sie bei Dunkelheit leuchten können. Der älteste europäische Hallimasch soll im Schweizer Nationalpark beim Ofenpass wachsen, sein Alter wird auf etwa 1000 Jahre geschätzt.

Trompetenpfifferling

Der Trompetenpfifferling *(Craterellus tubaeformis)*, ist bis in den Winter hinein überwiegend in Fichten- und Tannenwäldern auf saurem, gerne feuchtem Boden zwischen Moosen auffindbar (Mykorrhizapilz). Er gehört in die Familie der Pfifferlingsverwandten *(Cantharellaceae)*. Kennzeichen sind die gut ausgebildeten Leisten mit vielen Queradern, die unter dem trichterförmigen Hut lang am hohlen Stiel herablaufen. Dadurch ist der Pilz relativ leicht bestimmbar. Beim Sammeln vor allem später im Jahr sollte immer darauf geachtet werden, dass die Fruchtkörper frisch sind und keine Frostschäden aufweisen.

Vorsicht vor dem ungenießbaren Grüngelben Gallertkäppchen *(Leotia lubrica)*, das ähnlich aussieht und an gleichen Standorten vorkommen kann!

Austernseitling

Der Austernseitling oder Austernpilz *(Pleurotus ostreatus)* ist ein beliebter Speisepilz, der zu den Seitlingsverwandten *(Pleurotaceae)* gehört. Die Wildform wächst meist an noch lebenden oder bereits abgestorbenen Stämmen, Asten oder Stümpfen von Laubbäumen, besonders häufig an Buchen. Diese Winterpilze brauchen als Auslösereiz für die Entwicklung ihrer Fruchtkörper vorzugsweise niedrige Temperaturen etwa unter 10 °C. Die im Winter gebildeten Fruchtkörper können Frostperioden überdauern. Die weißen Sporen werden auch noch bei Temperaturen unter dem Gefrierpunkt gebildet.

Der Austernseitling ist durch seine typische Form relativ gut erkennbar, wird aber öfter mit dem ebenfalls genießbaren Lungenseitling *(Pleurotus pulmonaris)* verwechselt, der nur in den Sommermonaten wächst. Dieser wiederum ist leicht zu verwechseln mit dem potenziell (tödlich) giftigen Ohrförmigen Weißseitling *(Phyllotus porrigens)*. Seitlinge werden in großen Mengen kultiviert und sind das ganze Jahr über im Handel erhältlich, darunter auch der Limonen- und der Rosenseitling.

Außerdem kann das Myzel der Seitlinge laut Helmholtz-Zentrum für Umweltforschung (UFZ) in Leipzig beim Schadstoffabbau (etwa von Erdöl) helfen.

Austernpilze enthalten neben reichlich Mineralstoffen auch viele Vitamine der B-Gruppe sowie Vitamin D_2 (Ergocalciferol) und Vitamin C, sie können helfen, das Immunsystem zu stärken.

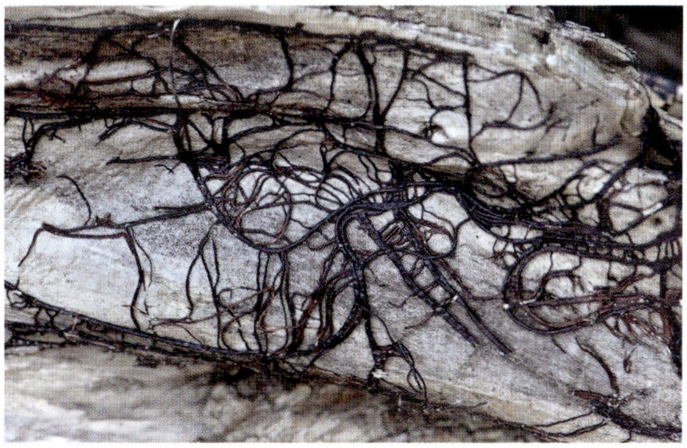

BILD links oben Trompetenpfifferling *(Craterellus tubaeformis)*

BILD links Mitte Winterwald

BILD links unten Austernpilz *(Pleurotus ostreatus)*

BILD rechts oben Gemeiner Hallimasch *(Armillaria ostoyae)*

BILD rechts unten Hallimasch-Myzel

HALLIMASCH

in Weinessig

*Der Hallimasch (*Armillaria *spec.) kann über Baumwunden in die vitale Kambiumschicht der Bäume eindringen. Die Pilze treten meist büschelig, Köpfchen an Köpfchen, auf.*

FÜR 4 SCHRAUBDECKELGLÄSER (À 250 ML)

1 kg junge Hallimasche
Salz
½ l Weinessig
¼ l Wasser
3 EL Zucker
2 Lorbeerblätter
12 weiße Pfefferkörner
1 EL Senfkörner
4 Stängel Estragon

1 Die Hallimasche putzen und waschen, kleine Exemplare ganz lassen, größere halbieren oder vierteln. Die Pilze in sprudelndem, leicht gesalzenem Wasser 15 Minuten kochen, anschließend in ein Sieb schütten und abtropfen lassen.

2 Den Essig mit dem Wasser, dem Zucker, etwas Salz und den restlichen Gewürzen und Kräutern erhitzen und so lange kochen, bis sich der Zucker aufgelöst ist.

3 Die abgetropften Hallimasche in ein großes Glas oder in mehrere kleine Gläser füllen, den kochend heißen Sud mit den Gewürzen darübergießen und die Gläser sofort verschließen.

4 Wenn die Gläser kühl aufbewahrt werden, sind die Essigpilze etwa 8–10 Wochen haltbar.

TIPP Es wird geraten, die Pilze vor der Zubereitung in Wasser abzukochen und das Kochwasser wegzuschütten.

TROMPETEN-PFIFFERLING

an Steak

Der Trompetenpfifferling (Craterellus tubaeformis) *wird auch Herbstpfifferling oder Winter-Chanterelle genannt. Er kann bis in den Winter hinein gesammelt werden. Auch bei mir hat er schon viele Weihnachtsessen garniert.*

FÜR 4 PORTIONEN

4 Scheiben Rindersteaks à 200 g (wie Ribeye)
frisch gemahlener schwarzer Pfeffer
2 EL Olivenöl
20–30 ml Cognac
Bergsalz
400 g frische Trompetenpfifferlinge
1 kleine Zwiebel
20 g Butter
½ Handvoll gemischte Kräuter

1 Den Backofen auf 65 °C vorheizen.

2 Die Steaks gut mit Pfeffer würzen. Das Olivenöl in einer Pfanne erhitzen und das Fleisch von beiden Seiten jeweils 2–3 Minuten scharf anbraten. Mit Cognac ablöschen und mit Salz würzen. Im vorgeheizten Ofen etwa 10 Minuten weitergaren. Die Steaks im Anschluss in Alufolie einschlagen und 5 Minuten zum Ruhen in den abgeschalteten Backofen stellen.

3 Den Bratensaft aufheben und warm halten.

4 Die Pilze mithilfe eines Pinsels putzen. Die Zwiebel schälen und fein würfeln, dann in der heißen Butter andünsten. Die Pilze hinzufügen und runderherum braten. Mit Salz und Pfeffer abschmecken.

5 Die Kräuter verlesen, evtl. waschen und die Blättchen hacken, anschließend über die Pilze geben.

6 Die Steaks mit den heißen Pilzen und dem Bratensaft servieren.

AUSTERNSEITLING

an Safran-Risotto

Der zarte, mild aromatische Speisepilz kann von zart-bissig bis kross gebraten zum Einsatz kommen.

FÜR 4 PORTIONEN

400 g Austernseitlinge frisch aus dem Wald
2 kleine Zwiebeln
1 g Safranfäden
1 l Gemüsebrühe
100 g Butter
175 g Risottoreis
½ TL Bergsalz
1 TL frisch gemahlener Pfeffer
150 g frisch geriebener Bergkäse

1 Die Austernpilze putzen, die festen Stiele entfernen und in mundgerechte Stücke teilen. Die Zwiebeln schälen und fein würfeln. Die Safranfäden in der Gemüsebrühe erwärmen.

2 Die Zwiebelwürfel in 60 g Butter anschwitzen, den Reis zugeben und ebenfalls kurz anschwitzen. Mit etwas Brühe den Reis ablöschen. Unter Rühren den Reis garen und immer wieder mit der Gemüsebrühe angießen. Das Ganze dauert etwa 20-30 Minuten, der Reis sollte noch leicht körnig sein und eine cremige Konsistenz haben.

3 Die Austernpilze in der restlichen Butter anschwitzen und mit Salz sowie Pfeffer abschmecken. Den Risotto mit den Pilzen auf Tellern anrichten und mit frisch geriebenem Bergkäse bestreuen.

TIPP Die Volksheilkunde besagt, dass Safran die Sinnlichkeit und in der tristen Jahreszeit die Stimmung stärkt.

Schnittlauch – bekannt im Garten, vergessen in der »Wildnis«

Im Winter streckt der wilde Schnittlauch zwischen Schnee und Eis entschlossen seine Spitzen raus und schenkt uns frische Energie.

Der wissenschaftliche Artname des Schnittlauchs *(Allium schoenoprasum)* leitet sich von griechisch »schoinos« für Binse und »prasos« für Lauch ab und bezieht sich auf die binsenförmigen Blätter – deshalb auch die Bezeichnung Binsenlauch, Graslauch, Brislauch oder Schnittling. Als weitere Namen sind noch Jakobszwiebel oder Jacobs-Lauch bekannt. Diese Bezeichnungen entstanden, weil früher um Jacobi, also um den 25. Juli herum, die Zwiebeln zum Verzehr aus der Erde genommen wurden.

Der Schnittlauch ist wohl jedem als kultivierte Gartenpflanze bekannt, aber als Wildpflanze ist er fast vergessen und auch nicht mehr so häufig in der ursprünglichen Vegetation anzutreffen. Er gehört zu den Amaryllisgewächsen *(Amaryllidaceae)*.

Standorte und Merkmale des Schnittlauchs

Der »wilde« Schnittlauch wächst meist auf sandigsteinigen Böden an Wegrändern, entlang von Bach- und Flussläufen, aber auch auf ungedüngten feuchten Wiesen (Streuobstwiesen). Im Gebirge ist er bis in 2000 m Höhe zu finden.

Im Aussehen dem Schnittlauch ähnlich sind der Weinbergs-Lauch *(Allium vineale)* und der Rosslauch *(Allium oleraceum)*. Weitere bekannte *Allium*-Arten sind die Gemüsezwiebel, der Lauch oder der Bärlauch. Die parallelnervigen Blätter der *Allium*-Arten können grasartig schmal, röhrig, dreikantig oder auch mehrere Zentimeter breit sein. Ihre Form und Anordnung, also ob grundständig oder beblätterte Stängel, sind wichtige Merkmale für die Artenbestimmung.

Der Wilde Schnittlauch *(Allium schoenoprasum)* ist eine ausdauernde, krautige Pflanze mit 10–40 cm Wuchshöhe. Aus einer eiförmigen länglichen Zwiebel treiben grüne röhrenartige Halme – Laubblätter, die spitz zulaufen. Zusätzlich werden unterirdisch viele Tochterzwiebelchen gebildet (vegetative Vermehrung).

Die Blütenstängel sind deutlich härter als die Laubblätter. Die Blüten sind dicht und kugelig und stehen in Scheindolden aus 30–50 lilafarbigen Einzelblüten. Die Samenkörner des Schnittlauchs sind schwarz. Geruch und Geschmack der Halme sind scharf und lauchzwiebelartig, wobei die Zwiebel der Pflanze am intensivsten schmeckt.

Ernte und Inhaltsstoffe des Schnittlauchs

Die Sammelzeit der Halme und Zwiebeln beginnt im Winter, da spitzt der Schnittlauch meist schon aus dem Schnee. Für Knospen und Blüten sind Mai und Juni gute Monate, danach ist auch das Grün schon welk. Nun können die reifen Samen von Juli bis August gesammelt werden.

Bei der Schnittlauch-Ernte sollten Sie darauf achten, niemals alle Röhren abzuschneiden, denn das schwächt die Pflanze zu sehr. Am besten ist es, zwei Drittel der Halme abzuschneiden und den Schnittlauch weiterwachsen zu lassen.

Das Schneiden muss unbedingt regelmäßig stattfinden, damit die Pflanze zum Weiterwachsen angeregt wird. Außerdem sollten nicht alle Blüten abgeschnitten werden, da sie sehr beliebt bei Bienen und anderen Insekten sind.

LINKS Schnittlauch unter der Schneedecke

BILD ganz oben Schnittlauch *(Allium schoenoprasum)* – Bienen- und Hummelnahrung!

BILD links Wurzeln des Pastinak *(Pastinaca sativa)*

BILD oben Blühender Pastinak

Insbesondere der wilde Schnittlauch enthält die Vitamine A, B_2 und C. Vitamin A stärkt vor allem Schleimhäute und dadurch die körpereigenen Abwehrkräfte. Auch die Blutkörperchen und das Nervensystem werden unterstützt. Vitamin B_2 wird bei der Umwandlung von Traubenzucker oder Fetten in Energie benötigt. Vitamin C ist notwendig, um Bindegewebe aufzubauen und das Immunsystem zu stärken, außerdem hilft es als Antioxidans gegen freie Radikale.

Darüber hinaus enthält Schnittlauch Mineralstoffe wie Kalium, Kalzium, Magnesium, Phosphor und Eisen, schwefelhaltige Aminosäuren wie Alliin und Allicin (Lauchöl) sowie Flavonoide. Das Lauchöl ist verantwortlich für den charakteristischen Geruch und Geschmack der Pflanze und hat eine antibiotische Wirkung.

Achtung: Schnittlauch nicht in großen Mengen während Schwangerschaft und Stillzeit verzehren! Die Inhaltsstoffe gehen in die Muttermilch über und können zu Blähungen beim Säugling führen.

In der traditionellen chinesischen Medizin (TCM) wird dem Schnittlauch die thermische Wirkung »warm« zugeschrieben und deshalb wird er der Niere zugeordnet. Er stärkt das Nieren-Yang und wird vor allem bei Energielosigkeit, Impotenz, Rückenschmerzen und zur Stärkung der Lendenwirbelsäule gegeben.

Schnittlauch in der Küche

Wilder Schnittlauch ist ein würziger Allrounder für Salate, in Kräuterbutter und Aufstrichen wie Kräuterquark/-käse, Würzmus oder Pesto. Auch für Saucen sowie für Suppen, Füllungen, Eierspeisen und vieles mehr ist er geeignet als Zutat. Besonders köstlich schmeckt er pur auf frisch gebackenem Brot mit Butter.

Die Blüten sind eine schmackhafte, würzige und essbare Dekoration. Außerdem können Sie die Blütenknospen für die Aromatisierung von Essig oder Öl nutzen. Die Samen eignen sich zum Bestreuen von Knäckebrot, vermahlen als ätherisch duftendes Gewürzsalz oder zum Sprossen ziehen. Die Zwiebeln können wie Pickles eingeweckt, glasiert, zu Chutney oder wie die bekannte Küchenzwiebel verwendet werden.

Wiesen-Pastinak

Der auch Hammelmöhre genannte Wiesen- oder Gewöhnliche Pastinak *(Pastinaca sativa)* aus der Familie der Doldenblütler *(Apiaceae)* ist die Wildform des Pastinak bzw. der Pastinake.

Der bis 1 m hoch werdende Pastinak ist eine zweijährige Pflanze mit einfach gefiederten Blättern, die auf Wiesen, Unkrautfluren, an Böschungen oder Wegrändern wächst. Die gelben Doldenblüten erscheinen von Juni bis September. Alle Teile der Pflanze wie Blüten, Blätter, Stängel und Wurzel sind essbar – alle Doldenblütler mit gelben Blüten sind essbar – und können für Tee, Salat und Gemüsegerichte Verwendung finden. Die sehr aromatischen Samen eignen sich als Bestandteil von Gewürzmischungen oder in Magenbitter.

Die süßlich-herb-würzige Wurzel der Pastinake lagert im ersten Herbst wichtige Inhaltsstoffe ein. Sie enthält zum Beispiel das Polysaccharid Inulin und ist deshalb auch für Diabetiker geeignet, da Inulin den Blutzuckerspiegel nicht beeinflusst. Von September bis in das Frühjahr des zweiten Jahres können die Wurzeln dann am besten geerntet werden.

Sie lassen sich im Ofen backen (wie Chips oder Pommes-Sticks) oder gekocht zu herzhaften Gerichten, aber auch zu Cremesuppen, Brotaufstrichen oder Pürees weiterverarbeiten.

SCHNITTLAUCH

Quiche

Schnittlauch wirkt appetitanregend und allgemein stärkend, was in den dunklen Wintermonaten hilfreich ist.

FÜR CA. 4 BIS 5 KLEINE QUICHE-FORMEN, 8 BIS 10 CM Ø

150 g Mehl Type 550
1 Prise Bergsalz
90 g Butter
4 Eier
1 große Handvoll wilder Schnittlauch
200 g Crème fraîche oder Frischkäse
frisch gemahlener Pfeffer
frisch geriebene Muskatnuss
einige rosa Pfefferbeeren
Butter und Mehl für die Formen

1 Das Mehl mit Salz, Butter in Stückchen und einem Ei in eine Schüssel geben und zu einem glatten Teig verkneten. Den Teig eine halbe Stunde kalt stellen.

2 Den Backofen auf 170 °C (Ober- und Unterhitze) vorheizen.

3 Den Schnittlauch putzen und in feine Röllchen schneiden. Die Crème fraîche mit den restlichen Eiern verrühren. Den Schnittlauch zufügen und mit Salz, Pfeffer und Muskat würzen.

4 Die Formen buttern und mehlieren.

5 Den Teig in vier Teile schneiden und jeweils zwischen zwei Backpapieren dünn ausrollen. Jede Form mit einer Teigplatte auslegen und den Teig festdrücken. Jeweils ein Viertel der Schnittlauchmasse einfüllen und die Quiches im Ofen ca. 20–30 Minuten goldbraun backen. Wer möchte, kann die Quiches mit rosa Pfefferbeeren bestreut servieren.

Gewöhnliche Schafgarbe

Die Schafgarbe *(Achillea millefolium)* ist ein Wurzelkriecher. Der Artname »millefolium« ist eine Lehnübersetzung vom griechischen myriόphyllon, was »mit unzähligen Blättern« bedeutet und auf die fein gefiederten Laubblätter hinweist. Den deutschen Namen »Schafgarbe« erhielt die Pflanze, weil sie gern von Schafen gefressen wird. Sie gilt als Bodenfestiger und gedeiht auf Wiesen, Halbtrockenrasen, an Acker- und Wegrändern. Die Zungenblüten sind meist weiß, es gibt auch Unterarten mit zart rosafarbenen Blüten. Aus den Blüten lässt sich eine erfrischende Limonade ansetzen.

Alle Teile der Pflanze können kulinarisch verwendet werden, wobei ältere Stängel sehr hart und holzig sind und sich nur noch für Teeaufgüsse, Bäder oder Leberwickel eignen. Auch in den Wintermonaten sind Schafgarbenblätter zu finden. Die Blätter haben einen herben, muskat-würzigen Geschmack.

In früheren Zeiten färbte man mit Schafgarbe Wolle gelb. Dazu verwendete man getrocknete Blätter, Stängel und Blüten.

Die Vogelmiere

Die Gewöhnliche Vogelmiere *(Stellaria media)* wird auch Vogel-Sternmiere oder Hühnerdarm genannt. Sie ist eine Pionierpflanze, die sich schnell über ungeschützten Boden ausdehnt und ihn vor Erosion bewahrt. Sie gehört in die Familie der Nelkengewächse *(Caryophyllaceae)*. Das unscheinbar blühende Kraut kann man auch in den kälteren Monaten finden. Es kann in größeren Mengen roh verzehrt oder als leckeres Gemüse zubereitet werden.

Wenn Sie Vogelmiere finden, sollten Sie unbedingt etwas davon in die Küche mitnehmen, denn sie ist sehr reich an den Vitaminen A, B und C und liefert weit mehr Eisen, Kalium, Kalzium und Magnesium als Kultursalate. Außerdem kann sie bei Gelenk- und Rheumabeschwerden Linderung verschaffen.

Der Ehrenpreis

Die Gattung *Veronica* wird den Wegerichgewächsen *(Plantaginaceae)* zugeordnet. Sie ist sehr artenreich - bis zu 450 Arten sind bekannt - und alle Arten sind sich mit ihren vierteiligen, filigranen blauen Blüten optisch ziemlich ähnlich. In der Natur findet man die meisten Ehrenpreisarten vor allem an Wegrändern, auf trockenen Wiesen, Waldlichtungen sowie auf ausgedehnten Heideflächen. Alle Arten sind essbar und als Heilpflanze zwecks der wichtigen Bitterstoffe Iridoide verwendbar.

Der Ehrenpreis (*Veronica* spec.) ist frosttolerant und winterhart. Die milden Blütenknospen und Blüten können schon sehr früh im Jahr geerntet und als hübsche Farbtupfer für alle Speisen und Getränke genutzt werden. Das getrocknete herb-bittere Kraut der Ehrenpreisarten eignet sich wunderbar für Wildpflanzensalze oder Kräutermischungen.

Die Rotbuche

Die Gemeine Buche oder Rotbuche *(Fagus sylvatica)* gehört wie die Eichen und die Echte Kastanie *(Castanea sativa)* in die Familie der Buchengewächse *(Fagaceae)*. Ihre dreikantigen, glänzenden, kastanienbraunen Nussfrüchte, die Bucheckern, werden ab Oktober reif und fallen vom Baum. Dann 1–2 Wochen trocknen lassen oder in der Pfanne rösten, so lassen sie sich besser schälen! Die Nüsschen können zu Mehl geschrotet werden, das Sie beim Backen von Brot, Kleingebäck oder Kuchen unter das Mehl mischen können.

Die im April sprießenden Keimlinge und zarten Blätter der Buche enthalten keine Giftstoffe und können roh verzehrt werden. Sie schmecken nussig, leicht säuerlich und eignen sich für Salate oder Gemüse.

BILD links oben Ehrenpreis (*Veronica* spec.)

BILD links Mitte Geschälte Bucheckern

BILD links unten Gewöhnliche Vogelmiere *(Stellaria media)*

BILD rechts oben Schafgarbe (Achillea millefolium)

BILD rechts unten Mit Schafgarbe gelb gefärbte Wolle

SCHAFGARBE

Baguette

Der krautige aromatische Geruch der Schafgarbe (Achillea millefolium) *verrät schon ihre heilkräftigen Inhaltsstoffe wie ätherische Öle, Cumarine, Bitterstoffe und Flavanoide.*

FÜR 6 STÜCK

500 g Weizenvollkornmehl
1 Päckchen Weinstein-Backpulver
1 Prise Trockenhefe-Pulver
1 TL Bergsalz
150 g geriebener würziger Bergkäse
30 g frische Schafgarbenblätter
350 ml lauwarmes Wasser

1 Den Backofen auf 230 °C (Umluft) vorheizen.

2 Das Mehl mit dem Backpulver, der Hefe, dem Salz, und dem Käse in eine Schüssel geben.

3 Die feinen Schafgarbenblätter von den Stängeln abstreifen und evtl. grob hacken.

4 Das lauwarme Wasser und die Schafgarbe zum Mehl geben. Alles zu einem geschmeidigen Teig vermengen. An einem warmen Ort zugedeckt mindestens 1 Stunde gehen lassen.

5 Ein Backblech mit Backpapier auslegen. Den Teig in 6 Teile schneiden und mit etwas Mehl zu länglichen Baguettes formen. Die Teiglinge auf das Blech oder ein Baguette-Blech legen und mehrmals schräg mit einem Messer anritzen. Dann im Backofen etwa 20–30 Minuten goldbraun backen.

TIPP Sie können den Teig auch über Nacht gehen lassen und erst am nächsten Tag backen!

VOGELMIERE

Smoothie

Die Vogelmiere (Stellaria media) *lässt sich wegen ihres leicht süßlichen Geschmacks nach Erbsen oder Mais als Kopfsalat-Ersatz verwenden. Sie befestigt durch Teppichwuchs lockere Böden und gedeiht geschützt auch im Winter.*

FÜR 2 DRINKS

100 g Vogelmiere
2 Äpfel
2 EL Zitronensaft
1 EL Honig oder getrocknete Früchte wie Wildkirschen, Heidelbeeren ...
300 ml Wasser
1 kleine Handvoll Ehrenpreisblüten

1 Die Vogelmiere verlesen, evtl. waschen und grob hacken. Die Äpfel schälen, vierteln und das Kerngehäuse entfernen.

2 Die Kräuter mit den Apfelstücken, dem Zitronensaft, Honig oder den getrockneten Früchten und Wasser in einen Standmixer geben und fein pürieren.

3 In Gläser füllen und mit den Ehrenpreisblüten bestreut servieren.

TIPP Sobald Schnee und Frost verschwunden sind, beginnt der Persische Ehrenpreis *(Veronica persica)* zu blühen. Die Blüten sollten vorsichtig mit einer Schere geerntet werden, sonst zerquetscht man sie.

BUCHECKERN

zum Maroneneis

Die Bucheckern (Buchennüsschen) enthalten im Rohzustand viel Oxalsäure und hitzelabile Alkaloide wie Fagin, was zu gesundheitlichen Beschwerden führen könnte. Durch Rösten können diese Stoffe abgebaut werden. Zudem führt leichtes Rösten zu einem schmackhaften Aroma der Nüsse.

FÜR 4 PORTIONEN

½ Vanilleschote
150 ml Sahne
150 ml Milch
100 g Vollrohrzucker
4 Eigelb
400 g Maronen in der Schale
60 g Bucheckern
1 EL Butter
2 EL Vollrohrzucker
2 EL Sahne

1 Das Mark der Vanilleschote herausschaben und samt Schote, Sahne und Milch in einem Topf kurz aufkochen.

2 Eigelbe und Zucker in einer Metallschüssel cremig schlagen, langsam die Vanillemilch einrühren. Die Eigelbmasse über einem heißen Wasserbad sämig rühren. Etwas abkühlen lassen und die Vanilleschote entnehmen.

3 Die Maronen einritzen und 12–15 Minuten gar dämpfen. Nun schälen und pürieren. Das Maronenpüree in die ausgekühlte Eismasse heben und in einer Eismaschine nach Herstelleranleitung 20–30 Minuten tiefgefrieren.

4 Die Bucheckern schälen, grob hacken und in einer Pfanne kurz rösten. Butter und Zucker hinzufügen. Die Mischung unter Rühren goldbraun karamellisieren lassen. Die Sahne unterrühren, sofort alles auf ein Stück Backpapier gießen. Den Krokant erkalten lassen und in Stücke brechen.

5 Das Eis anrichten und mit dem Bucheckern-Krokant servieren.

TIPP Wer keine Eismaschine hat, kann das Eis auch im Eisfach tiefgefrieren. Dann aber alle 20 Minuten mit einem Schneebesen umrühren. Der Vorgang dauert etwa 4 Stunden.

Im Wald

Wie herrlich einsam ist's im Wald
begegne hier wenn's leise schallt
aus der Rinde, aus den Nadeln
Ölen, die ätherisch adeln
das Geheimnis ihres Wehens
in Umarmung und des Sehens
Verneigung vor der Einsamkeit
so lang ich lebe mich vereint

Margit Farwig

BILD Geheimnisvolle Wacholder-Landschaft mit Spinnen-Labyrinth.

Nachwort

Die Natur nach essbaren Pflanzen zu ergründen, hat einst die Menschheit zu Sammlern und Jägern gemacht. Man kann annehmen, dass unsre Ahnen ziemlich genau wussten, welches Pflänzchen welchen Geschmack und welche Wirkung hatte. Das Wissen wurde mündlich von Generation zu Generation weitergegeben – eine wunderbare Art, ein Erbe zu verwalten, neben dem unerlässlichen »learning by doing«. Bei mir war es ähnlich: Ich habe meine Leidenschaft für die wilden Köstlichkeiten der Natur meinen Großeltern zu verdanken. Mein Opa, ein ambitionierter Gärtner, schenkte mir als Kind ein Brevier über Wildkräuter. Das hat mich früh für die pflückbaren sowie schützenswerten Pflanzen sensibilisiert. Am Herd meiner böhmischen Großmutter wurden dann aus den oft recht krautigen Fundstücken Delikatessen. Unvergessen sind die Nachmittage, die wir sammelnd im Wald verbrachten, um mit reicher Beerenernte heimzukehren. Als Marmeladen wurden die Früchte für den ganzen Winter konserviert – dabei hat wirklich jede Jahreszeit wild wachsende Leckerbissen zu bieten.

Natur und Kunst sind eng verbunden, wir können daraus schöpfen und mit unseren Kindern entdecken. Mit Pflanzen und Pilzen lassen sich Farben herstellen zum Färben von Wolle & Seide oder zum Malen, Papier herstellen, uvm.

Wenn der wilde grüne Funke zu Ihnen, liebe Leserinnen und Leser, überspringt, dann ist das eine wunderbare Rückkehr zu unseren Wurzeln, im wahrsten Sinne des Wortes. Wie eng Sinnesfreude und Respekt vor der Natur zusammenliegen, kann bei jedem Spaziergang durch die Botanik aufs Neue erlebt werden. Deshalb viel Vergnügen beim Sammeln, Bestaunen und Genießen unsrer ursprünglichsten Viktualien!

Ihre Tanja Major

Vita

Die in Sallach, Niederbayern lebende Food-Autorin und Fotografin Tanja Major hat sich in den vergangenen 20 Jahren einen Namen in der Food-Fotografie geschaffen. Zum Erfolg kam es, indem sie kulinarisches Fachwissen der Gastronomie, das sie in bekannten Sterne-Restaurants erworben hat, mit ihrem siebten Sinn für optimale Beleuchtung und ausgefeilte Komposition kombiniert.

Ihre redaktionellen Arbeiten erscheinen in zahlreichen Kochbüchern. Zu ihrem Portfolio zählen auch einige preisgekrönte, opulente Bildbände wie »Dream Cakes« im BLV Verlag (GAD Silbermedaille), »Affinieren – die Kunst der Käse-Veredelung« im Ulmer Verlag (GAD-Goldmedaille), »Vegetarisch Genießen« im GU Verlag (GAD Silbermedaille), die ausgezeichnet wurden.

Tanja Majors zweite Leidenschaft ist die Natur. Dazu absolvierte sie weitere Ausbildungen:

Fachberater für essbare Wildpflanzen bei Dr. Markus Strauss

Heilkräuter- & Phytotherapie Ausbildung von Natura Naturans

PilzCoach, PSV & PilzCoach-Ausbilder der Deutschen Gesellschaft für Mykologie (DGfM)

Mykotherapie bei der Gesellschaft für Vitalpilzkunde (GFV)

Das umfangreiche Fachwissen zu essbaren Wildkräutern, Wildfrüchten und Pilzen zeigt sich in Ihrem Blog www.myko-kitchen.de, die faszinierende Welt der Pilze oder Pflanzen unter www.phyto-kitchen.de.

Die Food-Spezialistin entwickelt individuelle und raffinierte Rezepte für jeden Anlass, die alle selbstverständlich in der eigenen Versuchsküche getestet werden www.tanja-major.de.

Dankeschön

Für die wunderbaren Gedichte von Margit Farwig, weitere finden Sie unter www.e-stories.de/autorin/margitfarwig!

Herzlich möchte ich mich bei meiner Familie, meinen Freunden und Bekannten bedanken, die mich in vielen Bereichen unterstützen:

Hannelore & Vincenzo Bellini, Maria & Max Steibl, Maria Major, T. Kerscher www.atelier-kerscher.de, C. Carmine Retina München, P.A.S. Karasch www.pilzteam- bayern.de, K. & Dr. L. Krieglsteiner www.pilzkunde.de, R. & F. Lüder www.kreativpinsel.de, Gudrun & Gori Grimbs, Alois Zechmann, Dr. Josef Simmel, Elisabeth Melzer, Christiane Kern, H. Löffler www.wildkraut-paartal.de, S. Fleischhauer & C. Schulte zur Hausen & I. Jäger www.essbare-wildpflanzen.de, Bianca Gebhardt (Sanddorn-Bodenrezept), Karin Tegeler www.textiles-werken.de, S. Waldenberger, Beatrix Ziegler, Laura Niemeier, W. Friese www.pilze-nutzen.de und Angelika Lang für das Lektorat.

Rezeptverzeichnis

Sachregister

Adressempfehlungen

Pilznotruf & Pilzkorbkontrolle & Pilzsachverständiger PSV
Suche unter:
Deutsche Gesellschaft für Mykologie (DGfM)
www.dgfm-ev.de/

Kräuterfachberater/innen unter:
Ewilpa Dr. Markus Strauss Netzwerk
www.ewilpa.net/dr-strauss-netzwerk-fachberaterinnen.html
Workshop oder Pilzweiterbildung, bei mir unter Termine
www.myko-kitchen.de
www.phyto-kitchen.de

Rechtliche Hinweise zum Pflücken und Sammeln von Blumen, Beeren und Pilzen:

Bundesministerium für Umwelt und Naturschutz
www.bmu.de

Hinweise zum Fuchsbandwurm:
Robert Koch-Institut
www.rki.de

Radioaktivität in Pilzen:
Deutsche Gesellschaft für Mykologie (DGfM)
www.dgfm-ev.de/pilzesammeln-und-vergiftungen/

Infos zu Pyrrolizidinalkaloide (PA):
Laut Verbraucherzentrale kommen PA in mehr als 6000 Pflanzenarten vor, vor allem in drei Familien:
- Korbblütler *(Asteraceae)*
- Hülsenfrüchtler *(Fabaceae oder Leguminosae)*
- Raublatt- oder Borretschgewächse *(Boraginaceae)*

Aktuelle Messungen haben ergeben, dass vor allem in Rucola, Gewürzkräutern, Blütenpollen, Rooibostee und Kräutertee hohe Gehalte an PA vorkommen. Bei den Kräutern wurden vor allem in Borretsch, Kreuzkümmel, Oregano und Liebstöckel hohe Werte an PA nachgewiesen. Auch in Blütenpollen fand man hohe Mengen an PA. Wenn Bienen diesen Pollen ernten, gelangen die PA in den Honig.
www.verbraucherzentrale.de/wissen/lebensmittel/lebensmittelproduktion/pyrrolizidinalkaloide-in-lebensmitteln-11450

Literaturempfehlungen & Quellentexte

Quellentexte und Infos zu meiner Einleitung unter:
Zschocke, Dr. Anne Katharina: **Darmbakterien als Schlüssel zur Gesundheit.** Knaur Verlag, München

Ehrlich, Stanislav Dusko (emeritierter Forschungsdirektor am INRA)/Doré, Dr. Joël (Forschungsdirektor am französischen Nationalen Forschungsinstitut für Landwirtschaft, Ernährung und Umwelt, INRAE und MICALIS-Institut): **Lebensmittel- und Darmmikrobiologie für die menschliche Gesundheit.** (während eines Interviews)

Warum Pflanzen in der freien Natur andere Geninformation haben:
Mancuso, Prof. Stefano/Viola, Alessandra: **Die Intelligenz der Pflanzen.** Kunstmann Verlag, München

Eggenberg, Stefan: **Flora Helvetica - Exkursionsführer.** Haupt Verlag, Bern

Fleischhauer, Steffen/Guthmann, Jürgen/Spiegelberger, Roland: **Enzyklopädie Essbare Wildpflanzen.** AT Verlag, Aarau

Fukuoka, Masanobu: **Der große Weg hat kein Tor.** Pala Verlag, Darmstadt

Guthmann, Jürgen: **Heilende Pilze. Die wichtigsten Arten der Welt im Porträt.** Quelle & Meyer, Wiebelsheim

Katz, Sandor Ellix: **Die Kunst des Fermentierens.** Chelsea Green Publishing

Lüder, Dr. Rita/Lüder, Frank: **Pilze zum Genießen.** Kreativpinsel, Neustadt

Lüder, Dr. Rita/Lüder, Frank: **Wildpflanzen zum Genießen.** Kreativpinsel, Neustadt

Machatschek, Dr. Michael/Mauthner, Elisabeth: **Speisekammer aus der Natur.** Böhlau, Wien

Montag, Karin: **Cook mal Pilze! Guck mal, Pilze!** erhältlich unter www.tintling.de

René Redzepi/Zilber, David: **Das Noma-Handbuch Fermentation.** Kunstmann Verlag, München

Switzer, Dr. med. John: Dr. Switzers **Heilkräftige Wildkräuter-Vitalkost-Rezepte.** Ayurveda Health & Beauty, Starnberg

Impressum

© 2022 GRÄFE UND UNZER VERLAG GmbH,
Postfach 860366, 81630 München

BLV

BLV ist eine eingetragene Marke der
GRÄFE UND UNZER VERLAG GmbH, www.blv.de

ISBN 978-3-96747-066-6
1. Auflage 2022

Projektleitung: Fabian Barthel
Lektorat und Bildredaktion: Angelika Lang
Herstellung: Petra Roth
Bildredaktion (Cover): Natascha Klebl
Umschlaggestaltung und Layout:
kral&kral design, Dießen am Ammersee
Satz: griesbeckdesign,
Dorothee Griesbeck, München
Repro: Longo AG, Bozen
Druck: Firmengruppe APPL, aprinta druck, Wemding
Bindung: Conzella, Pfarrkirchen

Die Gedichte in diesem Buch stammen von
Margit Farwig.

GRÄFE UND UNZER

Ein Unternehmen der
GANSKE VERLAGSGRUPPE

Umwelthinweis:

Nachhaltigkeit ist uns sehr wichtig. Der Rohstoff Papier ist in der Buchproduktion hierfür von entscheidender Bedeutung. Daher ist dieses Buch auf PEFC-zertifiziertem Papier gedruckt. PEFC garantiert, dass ökologische, soziale und ökonomische Aspekte in der Verarbeitungskette unabhängig überwacht werden und lückenlos nachvollziehbar sind.

Liebe Leserin und lieber Leser,

wir freuen uns, dass Sie sich für ein BLV-Buch entschieden haben. Mit Ihrem Kauf setzen Sie auf die Qualität, Kompetenz und Aktualität unserer Bücher. Dafür sagen wir Danke! Ihre Meinung ist uns wichtig, daher senden Sie uns bitte Ihre Anregungen, Kritik oder Lob zu unseren Büchern. Haben Sie Fragen oder benötigen Sie weiteren Rat zum Thema?
Wir freuen uns auf Ihre Nachricht!

GRÄFE UND UNZER Verlag
Grillparzerstraße 12
81675 München
www.graefe-und-unzer.de

Bildnachweis

Alle Fotos stammen von der Autorin, mit Ausnahme von:
Sonja Waldenberger: Seite 6;
Melanie Flemme: Seite 187.

Wichtiger Hinweis

Das vorliegende Buch wurde sorgfältig erarbeitet. Dennoch erfolgen alle Angaben ohne Gewähr. Weder Autorin noch Verlag können für eventuelle Nachteile oder Schäden, die aus den im Buch vorgestellten Informationen resultieren, eine Haftung übernehmen.